ダイナミック・レイキコウ

Dynamic
Rei-Kikoh

Eiichi Machiyama

「体・心・魂」が光り輝く
癒しの気功施術

待山栄一

現代書林

はじめに……この世に生まれたことは、死ぬこと

当院では、私が開発した独自の気功施術を行っています。その施術を、「ダイナミック・レイキコウ」と名づけました。

ダイナミック・レイキコウを求めて来院する患者さんには、いろいろな方がいます。

患者さんの中には、がんの方もいます。ある方は、乳がんで両乳房を切除したあと小脳に発症し、全身の骨にも転移していました。

放射線治療を行いましたが、味覚を失っていました。ダイナミック・レイキコウの一回の施術で、その彼女が味覚を取り戻しました。

「お茶の味が分かる!」

嬉しそうにこう叫んで、彼女は泣きました。私も、こらえ切れずに泣きました。

彼女が元のような状態に回復できるか、それは分かりません。しかし、この時、彼女の魂がキラキラ輝いていることを感じました。

また、リストカットを繰り返し、手に傷跡を何十本もつけたあと、引きこもりになった女性

もいます。ダイナミック・レイキコウの施術を受けた彼女は今、一生懸命に働いています。彼女も、魂が輝いています。

アスペルガー症候群と自閉症を疑われた男の子もいました。父親が厳しい人で、剣道を習わせました。剣道場でピイピイ泣いていたその子が、ダイナミック・レイキコウの施術後、中学校の郡の大会で優勝しました。彼の魂も輝いていました。

ダイナミック・レイキコウは、あなたの痛みや悩み、不調などの真の原因をつかみます。その原因は、一人ひとりで異なります。

真の原因を把握したとしても、つかんだ原因への対処法がなければ意味がありません。ダイナミック・レイキコウには、さまざまな原因に対処する各種の療法があります。あなたの個人的な原因に即した療法によって、「体・心・魂」をきらめかせることが可能になります。

「気功の施術なら、『体』だけでいいんじゃない？　なぜ、『体』だけでなく、『心・魂』をきらめかせる必要があるの？」

こう思われたかもしれません。実は、そこに気づいていただきたく、本書を書く決意をしたのです。

この世に生まれたことは、死ぬこと……。こんなことを言うと、「治療家として、そんな実もフタもない冷たいことを言うな」とお叱りの声が聞こえてきそうです。しかし、治療家としての私は、奥深いところでこの思いに支えられています。

生あるものはいずれ命の焔がフッとかき消え、肉体はこの世を去ります。

慶応大学教授で、推理作家としても活躍した林髞《たかし》先生がいます。作家としてのペンネームは、本名をアナグラムした「木々高太郎」でした。

ある時、先生は学生からこう質問されます。

「先生、人間はなぜ死ぬのですか？」

「死ななかった人間はいなかったからだよ」

先生はこう答えたそうですが、これも冷たい言葉でしょうか？　この言葉を、私は真理をついた温かい言葉だと理解しています。

生あるものは、いずれ死を迎えます。誰でも、これを避けられる人はいません。

農作物は早い遅いの差があっても、一年の間に実りの時を迎え、収穫の時を迎えます。人の一生も同じように、早い遅いの差があっても、実りの時を迎え、〝それ〟を迎えます。

〝それ〟がいつ訪れるかは、誰も知りません。1時間後かもしれないし、2時間後かもしれません。今夜かもしれないし、明日かもしれないし、明後日かもしれません。来年かもしれないし、再来年かもしれません。

だからこそ、体だけでなく、〝今〟というこの瞬間を、心も魂も輝かせて生きる――。

病気であろうが、なかろうが、人生で、私はこれが非常に重要になると考えています。まして病気であれば、なおさらのことではないでしょうか。

〝今〟というこの瞬間を、輝いて生きていただく。〝今〟というこの瞬間に、心と魂がきらめく施術を行う――。

治療家として私の求めたい施術がこれで、その方法がダイナミック・レイキコウです。〝今〟というこの瞬間に魂がきらめけば、心も、体もきらめきます。その〝今〟を患者さんに実感してもらうことこそ、治療家としての私ができる仕事と考えています。

もちろん、〝きらめくその時間〟をいかに長く維持するかも私の仕事です。ダイナミック・レイキコウで心身の不調を癒し、悩みを解消する。そのことで、「体・心・魂のきらめく時間」をできる限り長く維持していただきたいと願っています。

皆さんの魂がキラキラ光り輝きますように、心も、体もキラキラきらめきますように。そのために、ダイナミック・レイキコウがお役に立ちますように……。

2016年1月

待山　栄一

目次

第1章 「気」——その無限の可能性に魅せられて

第2章 「ダイナミック・レイキコウ」を編み出すまで

第3章 ダイナミック・レイキコウが考える「見えない次元」の正体

第4章

心身の不調をもたらす本当の問題と原因

第5章 ダイナミック・レイキコウで用いるさまざまな対処法と症例

第6章

「体・心・魂」を光り輝かせるダイナミック・レイキコウ

第1章

「気」——その無限の可能性に魅せられて

ダイナミック・レイキコウの三つの特性

当院には、原因が分からない痛みや悩み、不調で多くの患者さんが来院されます。

「検査してもらったのですが、原因が分からないと言われました」

「何年も前から治療しているのですが、なかなか良くなりません」

「処方された薬を飲んでも、症状が良くなりません」

お話しすると、ほとんどの方がこう言われます。

「原因が分からないのだから、あきらめるしかないか……」

「原因が分からないのだから、きっと気のせいだ。そのうち良くなるかも……」

今、あなたが原因の分からない痛みや悩み、不調を抱えているとして、こう思ってはいないでしょうか？　しかしそれで、何かの解決になるでしょうか？　現在の状況が解決され、つらい現実から解放されることがあるでしょうか？

言うまでもなく、現在の状況は変わりません。当院に来院される患者さんのほとんども、そうでした。

「他ではうまくいかなかったけど、ここなら何とかなるかも……」

そうした方が、当院のドアをノックされたのです。言うなれば「駆け込み寺」、あるいは「最後の頼みの綱」として当院を選ばれたのだと思います。

当院では、独自の療法である「ダイナミック・レイキコウ」で施術を行っています。

私は、これまでに約3万5000人以上の患者さんと接してきました。患者さんたちの苦痛を笑顔に変えようと、その施術経験からダイナミック・レイキコウを開発しました。

ダイナミックという言葉には、「人間の生命のダイナミズム」にアクセスしつつ、ダイナミズムを整えるという意味が込められています。

その施術であなたの「体・心・魂」がキラキラ輝けば、そこにあるあなたは痛みや悩みとは無縁のあなたです。それ以外のあなたは存在しようがありません。ここにこそ、当院の存在価値があると自負しています。

＊「安全性」が高いこと
＊患者さんが「ラク」であること
＊「高い効果」が期待できること

当院で行っているダイナミック・レイキコウには、こうした特性があります。

当院の患者さんは、女性のほうが多い傾向があります。当院の施術で改善されると、ご主人を連れてくる方がよくいます。

「よく解らないけど、待山先生の施術を受けると良くなった」

患者さんに印象を聞くと、これが圧倒的に多い返事です。

考えて解らなくても、一向に構わないのです。

あとでお話しますが、ダイナミック・レイキコウは患者さんの体から〈情報〉をもらい、その〈情報〉に即した施術を行います。体からの〈情報〉に即した施術によって、体は自然と反応します。その反応が、不調からの脱出・好転となって現れてきます。頭で分からなくても、体はきちんと不調の原因が解っているのです。

空間に内臓を取り出して施術してみたい——。その思いから、本格的に気の世界へ

ダイナミック・レイキコウはいわゆる気功のほかに、レイキやフィシオエナジェティックといった手技、それに多くの先生方からの学びで完成に漕ぎ着けることができました。

そのことは順次お話しするとして、私がダイナミック・レイキコウの扉を開けたきっかけは、

「気の世界」でした。

私は、もともと治療家を目指していたわけではありませんでした。絵を描くことが好きで、武蔵野美術大学で視覚伝達デザインを学びました。卒業後、その経験を活かして広告デザイン事務所を経営しましたが、ちょうどバブル期で非常に多忙をきわめました。

広告デザイン業界は、流行や社会の状態によって変化します。バブルも崩壊し、その変化はめまぐるしく、人間関係がわずらわしくもありました。

そこで、自分に投資して、一人でできる仕事に就こうと考えたのです。

子供の頃から「人間」や「人体」に関心があったこともあり、「人間」や「人体」に対する技術を磨くことを目指そうと志を立てました。

若い頃は、拳法をやっていました。拳法ではいろいろケガをしますが、その治療として整体術を受けたこともありました。

整体の学校に通い、〝名人〟と呼ばれる先生の講座を受講しました。名人と言われるような先生は、必ず気功をやっていたものです。そのことに触発され、整体をやりながら気功をかじるようになりました。

開院して普通の整体術を行っていると、患者さんには内臓に問題を抱えている方が非常に多いことに気づきました。整体の手技では、内臓自体がどういう状態になっているかがよく分かりません。

できれば、この空間の中に内臓を取り出して施術してみたい――。

そう考え出した時、ある閃きが訪れました。

人間の皮膚の下には臓器があり、その上にはオーラがあるとすれば、古来よりオーラの中にはいろいろな情報があると言われている。気功であればその情報を読んでいき、内臓などの悪いところを取り出し、実際に手に取っていくような形ができる――。

この閃きが、本格的に気功を学ぶ非常に大きなきっかけでした。

オーラに包まれ、光り輝くエネルギーの世界が視えた！

気功を学び始めても、凡人の私には、最初はなかなか気が実感できませんでした。

ある日、林の中で、一心不乱に気のトレーニングをしていた時のことです。ふと気づくと、雨が降ってきたような感覚がありました。

「雨か？……」と手を差し延べると、その雨は、手を通過して落ちていく……。

「光だ！」

ハッと見回してみると、あたりの見慣れた風景が一変しています。

空気が視えた！※

水中にいる時、水は見えません。しかし、私には空気が視えたのです。空気の塊《かたまり》がゆっくりやってきて、その角に木の葉が触れるとそれが落ち、ゆっくり離れ、空気の塊に沿って点々とし、やがて空気の塊に飲み込まれ、キリキリ舞って落ちていく……。

その空気はシャボン玉のように、あるいは虹のように輝いていた。木々はグリーンのオーラに包まれ、林もオーラに包まれ、そのオーラは一瞬とて同じではなく、うねるように変化し、輝きは瞬《また》くように変化する。生きていた……。「生命」を感じました。

何気ない風景が一変して光り輝き、生命の歌を謳っている……。

この光り輝く景色を視たこと――。それが、私が気という世界に惹かれていった原点だったと思います。それに、私の親友と呼んでよい一人の男の存在も大きいと思います。彼は霊感が強く、一種の天才でした。

当時、私は一回に5～8万円をかけて気功を学んでいました。学んだ内容を彼に話すと、「ふ

※「視る」とは、カメラのファインダーを覗く時のように、ある意図をもってピントを合わせて見ること。

んふんふん」と聞き、「こういうことか」と苦もなくやってのけるのです。開いた口がふさがりませんでした。

それだけの費用をかけ、私が苦労してやっと学んだ事柄です。私からそれを聞いただけで、あっという間にものにしてしまう。こうした天才は、時として存在します。

彼も私も若い時、私の住んでいたアパートにやってきた彼が、急に頭が痛いと言い出したことがあります。天井を指差し、「この辺に神札がないか？」と言います。心当たりはありませんでしたが、あとで天井に登って見てみました。すると、古い神札が一枚落ちていました。ゾーッとしたのを覚えています。

「この男に負けたくない！　治療家のプロとして、私は気功をやっているのに！」

この思いも、私を気の世界に駆り立てました。

彼は現在、企業を経営しています。私に見せた才能を、彼はビジネスで使っています。たとえば、履歴書を見るだけで、その応募者に問題があるかどうかが解ってしまいます。実際に面接してその問題の有無を尋ねると、彼が判断した通りの問題があります。

「待山、君は今、何をやっている？　僕には見えなくなった」

久しぶりに彼と会った時、こんなことを言われました。すでにダイナミック・レイキコウを施術に用いていましたが、この言葉を聞いて、私は本物の治療家になったと思ったものでした。

気を用いた二つの施術で、人生に転機が訪れた

気功のトレーニングを始め、気の世界を垣間見ても、すぐには施術に使いませんでした。その私が、気を施術に使う日が訪れました。

ある夕方、中耳炎の患者さんが来院されました。普通であれば耳鼻科を受診しますが、患者さんの近くの耳鼻科は診療が終了していたのです。当院には、すがる思いで来院されたとのことでした。

整体院ですから、中耳炎の治療を行ったことはありません。また、治療もできません。ただ目の前で苦しんでいる患者さんを放っておくことはできず、私のできるすべてのことを施しました。その時は手応えこそなかったものの、「少しラクになりました」と患者さんは言います。

「必ず、耳鼻科に行ってください」。こう伝え、その日は患者さんを帰しました。

その患者さんは一日だけ病院に行き、次の日も、また次の日も来院しました。

病院では中耳炎と診断され、ウミを取ってもらったと聞きました。連休のために病院はまた

休診になり、私のところに来たのだそうです。

毎日、私は患者さんに気を流し続けました。一週間後に病院が再開した時、診察を受けると、すでに患者さんの中耳炎は治っていました……。

この経験から、私は気功の素晴らしさを実感しました。

さらに、人生の転機とも言える出来事が起こりました。

ある時、一人の男性が、知人に担ぎ込まれて来院しました。症状は坐骨神経痛でしたが、その方はひどい痔にも悩まされていました。患者さん本人は、痛がってウンウン唸っています。

「先生、彼は、『手術しないと痔は治らない。先に坐骨神経痛を治さないと、痔の手術ができない』と言われています。彼の坐骨神経痛を治してください」

担ぎ込んだ知人は、私に訴えます。

患者さんの腰に手をかざすと、「ビーン」と響くものがありました。これが、私が初めて患者さんの気の手応えを感じた瞬間です。

動かすこともできず、整体の技はすべて使えません。施術としては、気を使うしか方法はありません。必死で気を流し続け、施療が終わった時、私の手はしびれていました。

次の日、いつものように施療を開始してアッと驚きました。知人に担ぎ込まれ、きのうは痛さから唸っていた患者さんが、なんとバイクに乗って現れたのです！

「どうしたの？」。私のほうがビックリして訊ねると、患者さんは言います。

「ラクになったので、バイクで来ました」

その後、三日、四日と気を流し続けるうちに、坐骨神経痛の痛みだけでなく、痔まで良くなってしまったのです。結局、坐骨神経痛も痔も、私の「気」の施術で良くなりました。

施術を行う中で、気が体に与える影響を無視することはできない――。

こうした経験が連続したことから、私は気づいたのです。その後、さまざまな流派の手技を修得し、さらに気への感度や理解を深めていきました。

同時に、同じような患者さんに同じように施術しても、まったく効果のないこともありました。そのことから、「治る原理」があることを知ったのです。

脳出血で倒れ、自分に気を流して半身不随から回復する

その後、気功を用いた療法で、数多くの患者さんの痛みや悩みを解決しました。

統合失調症のある患者さんから、言われたことがあります。

「先生の気の技術はすごい。でも、気を取ったら、ただのおっさんだね」

私は、少しうぬぼれていたのかもしれません。

また、子宮がんの患者さんが来院されたこともありました。その患者さんに施術している最中、目の前に映像が現れ、インスピレーションを受けました。

施術後、患者さんのがんは消滅しましたが、私が脳出血で倒れてしまったのです。

一命こそ取り留めましたが、半身不随となってしまいました。右半身がまったく動かず、言葉も出ません。「仕事をあきらめて自分の治療とリハビリに専念しましょう」と医師からは告げられました。

「もう終わったな」

当時の私は、野田市と人形町の二か所に療法院を持ち、忙しく走り回っていました。この現実に絶望の淵に立たされましたが、「自分ができることをやろう」と思い直しました。

リハビリの時以外、残された左手で、頭に気を一生懸命流し続けました。

すると、意識が戻ってから四日目に突然、右手に力が蘇ったのです。右手が動き、右足が動き、ついに言葉も出るようになりました。医師も、リハビリの理学療法士も、予想もしなかったその回復ぶりに驚いていたものです。

これだけでも奇跡ですが、その後は順調に回復し、二週間で退院できました。そして、約一か月後には施術に復帰することができたのです。

それまでの施術は、自らのエネルギーを消耗させるだけだった……。

この経験から、そう反省させられました。また、施術中に得たインスピレーションをもとに、さらに独自の気術を開発していきました。

気によるアプローチだけでなく、ホメオパシーやフィシオエナジェティック、ケイラク、フラワーエッセンスなどさまざまな技法を取り入れました。また、気の性質に合わせて物理学的な要素を用いて施術を行うことで、単なるエネルギーワークではない気功療法を編み出しました。それが、ダイナミック・レイキコウです。

人がさまざまなトラブル（痛みや悩みなど）を抱える原因は、その人それぞれです。

たとえば腰痛です。ひと口に腰痛といっても、いろいろなタイプがあります。

立ち上がろうとする時、痛い。立ち上がろうとする時、腰が伸びないとか腰が砕ける。痛くはないが腰が重い。車を運転していると、腰が重い。腰をひねった時に痛い。前に屈んだ時に痛い。靴下を履こうとした時に痛い……。

患者さんはこれらすべてを腰痛と言い、「腰が痛いんです」と訴えます。しかし、個人により、原因や理由はすべて異なります。姿勢が悪いのかもしれませんし、心に問題があるのかもしれません。あるいは、「霊」の問題があるのかもしれないのです。

原因が一つの場合もあれば、複数の原因が重なっている場合もあります。同じようなことが原因であっても、ほとんどの場合、個人によって程度が異なります。

トラブルの原因は、人の数だけある――。

こう表現できることになりますが、当然、その根本的な解決法も一人ひとりで異なってきます。個人個人に応じた解決策でなければ、望むような改善が得られるはずはありません。

その方の「体・心・霊」に焦点を当て、トラブルの根本を解決する――。

これが、ダイナミック・レイキコウの大きな特徴です。

ダイナミック・レイキコウはまず、トラブルを起こしている原因を独自の方法で確定します。トラブルの真因をつかんだあと、その方に最適な方法で解決します。その結果、トラブルの源となっている原因は消え、あなたの「体・心・魂」は光り輝くのです。

第2章

「ダイナミック・レイキコウ」を編み出すまで

レイキ
……学びの中から、「治せる原理」の発見の必要性を知る

ダイナミック・レイキコウは、ある日突然、できたものではありません。先にも少し述べましたが、さまざまな手技や先生方との出会いがあり、深められたものです。

私が気功の次に取り組んだものが、レイキです。

「気功とレイキはどこが違うの?」。こんな疑問を持つ方もいるでしょう。

レイキと気功は、周波数が違います。だから、気功師にすればレイキはもの足りないし、レイキをやっている人は、気功師の気は荒っぽいことになります。

両方をきちんと解る人は少ないものですが、両者とも同じ線上に位置しています。レイキと気功は、紫外線と赤外線のようなものなのです。

気功は自分の肉体を訓練し、気を放射して施術します(外気功)。レイキも気功ですが、マントラを唱えてあるイメージを持つと、それだけで気が出ます。

実は、レイキは日本が発祥で、そもそもは「霊気」と呼んでいました。霊気の歴史にはいろいろな説がありますが、一般的には臼井甕男《みかお》氏の「臼井霊気療法」に端を発するとされていま

す。まだ戦前、1920年代のことです。

その臼井氏のもとで、霊気を学んだのが林忠次郎氏です。

海外に臼井霊気療法を広めたのは、林氏の弟子にあたるハワイ在住の日系二世だった高田ハワヨ氏でした。高田氏は難病を患っており、来日して、林氏に臼井霊気療法で病気を治してもらいます。病気が治癒した高田氏はハワイに戻り、現地で弟子を育成します。これもまだ戦前の話ですが、やがて太平洋戦争が終結します。

戦後、日本で臼井霊気療法は廃れてしまいます。戦後のハワイでも、少し前まで敵国として戦っていた国独自の療法を教えることはできません。その後、高田氏がハワイやアメリカで広めていく過程で、霊気はレイキとなり、少しずつ性格が変わっていきます。

霊気がレイキとして日本に再びやってきたのが1964年、東京オリンピックが開催された年です。一躍ブームになりましたが、実際のところは、心理学がレイキというヒーリング技術となって来日したのでした。これが、「西洋レイキ」と言われるものです。

従来、日本でレイキを行っている人の99％が西洋レイキでした。

私が霊気に出会ったのは1995年です。この頃は、すべて西洋レイキでした。レイキの歴史の中で、臼井氏が開いた「伝統霊気」と林氏が開いた「直伝霊気」は知っていました。しかし、それらはもうこの世にはなく、あるのは高田氏の西洋レイキだけでした。

その頃私は、他の気功を学んでいました。その気に比べ、レイキの気質は素晴らしいのです。しかし、素晴らしいはずの気が、実際の施術では効果をあげません。理由は、「治せるような原理」がないことです。

そのため、一般的に、レイキは医療的な施術とは関係のないところで使われています。セラピストを自称するのであれば、レイキを知っているほうが良いという理由で、レイキを取り入れたりしているのが現実です。

私は、先生の問題かと思い、四人の先生から学びました。すべて西洋レイキでしたが、当時はそれしかなかったのです。

「これは未完の大器だ。歴史を見ても、臼井先生が霊気を発見したのが1922年。それから四年後の1926年に亡くなっている。だから、私がさらに足りないところを埋め、レイキを完成させてやろう。気に関係あることはすべてレイキを発展させる契機になる」

こう思い、その後、頑張ってきました。そして、つくり上げたのがダイナミック・レイキコウです。

昨年（2015年）の9月中旬、書店で『This is 靈氣』という本を買いました。

著者は、フランク・アジャバ・ペッターというドイツ人です。レイキに魅せられ、来日して直伝霊気を学び、その内容をまとめたものでした。2013年には、山口忠夫氏が直伝霊気の初版を出しています。

私の気功であるダイナミック・レイキコウとまったく違う！

この二冊を読んで唖然としました。私が完成形だと思っているレイキは、直伝霊気とは全く違っています。まるで、NHKの『妄想ニホン料理』のように……。この番組は、日本を知らない外国の料理人にネーミングと特徴だけを教え、その日本料理を再現してもらう番組です。完成する料理は、本来の料理とは似ても似つかないものです。しかし、素晴らしい料理です。

ダイナミック・レイキコウは、直伝霊気とは似ても似つかないものです。もちろん、普通の西洋レイキでもありません。素晴らしいものになっているかどうかはこれからですが……。

2015年10月5日に商標登録を申請しました。

フィシオエナジェティック
……不調の六種の原因を学び、六締感印法の基礎をつくる

話が先に飛んでしまいましたが、レイキを学ぶだけでは、ダイナミック・レイキコウは完成

しませんでした。次に学んだのが、フィシオエナジェティックでした。

「フィシオエナジェティックって、初めて聞いた」

こうした方がほとんどだと思います。日本に紹介されてまだ30年ほどしか経過していないうえ、手法が複雑なために実践している人が少ないこともあります。

フィシオエナジェティックはヨーロッパ発の代替医療で、すでに40年以上の歴史があります。開発者はラファエル・ヴァン・アッシェDOで、DOというのは「ドクター・オブ・オステオパシー」の略です。ここからも分かるように、フィシオエナジェティックはオステオパシーの流派に属します。

自分の体のことは、自分が一番良く知っている――。フィシオエナジェティックでは、こう考えています。その考えから機械を使うことなく、体から答え（反応）を得る検査テクニック（AR反応）を用い、答えを得ます。そのため「生体フィードバック療法」とか「ホリスティック・キネシオロジー」とか呼ばれることもあります。

フィシオエナジェティックほど、人間の不調の原因について述べたものはありません。

「どういう技術を用いれば、人間の不調が治るか」ではなく、「どういう技術を用いれば、原因が発見できるか」の方法――。

これが、フィシオエナジェティックの良さです。

フィシオエナジェティックでは、物理的な肉体、心や精神状態、ケイラクの気の状態、脳神経の伝達機能、体にとどまっている記憶、内臓の働き、体内に共生している菌や寄生虫、体にたまっている毒素……など、現在の状態は、こうしたさまざまな要因が複雑に絡まり合ってできていると考えます。

フィシオエナジェティックでは、さまざまなレベルにおけるアプローチが使われます。デトックス、心理療法、ケイラクの治療、リンパのケア、反射区療法、眼筋療法といった手法が用いられます。

①【フィジカル（構造）】
②【ケミカル（生体化学）】
③【エモーション（感情）】
④【ケイラク（気）】
⑤【オーラ】
⑥【チャクラ】

フィシオエナジェティックは原因をこの六種に分け、それぞれにムドラー（手印）があります。そのムドラーによって優先順位（どこから先に手をつけた方がいいか、治す順番はどうか……）を決め、不調にどう対応するかを判断します。この優先順位が大切です。

ここからは私の考えですが、優先順位が、その症状に対して「有効性」が85％以上あれば、その症状に対して本質的なところで一歩改善することができます。85％以下であれば、一時的に改善されても、本質を変えることはありません。たとえば、カゼを引いたと考えましょう。ここに薬があって、１００％有効ならそのカゼは治ります。しかし有効性が70％だとすると、飲んだ時に少しはいい感じになりますが、鼻がグズグズするなど、ちゃんとは治っていません。

また、これは施術者と患者さんの相性の問題でもあります。

施術者自身がどんな修行をしてきたか？　患者さんは、どんなものを受け入れようと無意識の領域の中で思っているのか？

具体的に言えば、施術者が西洋医学を行ってきていれば【ケミカル（生体化学）】に優先順位が高く、【ケミカル（生体化学）】中心になるでしょう。整体や理学療法による施術者は、【フィジカル（構造）】に優先順位が高くなる傾向があります。

私のように気をやっている人間は、【オーラ】や【チャクラ】に優先順位が高くなります。フィシオエナジェティックをやっている先生でも、同一の施術はあり得ません。

同じ原理を用いながら、まったく異なったスタイルになる――。

これが、フィシオエナジジェティックを私が気に入っている理由です。

患者さんにしても、自分が受け入れやすい施術から治していってもらえます。加えて、フィシオエナジジェティックでは、変な好転反応が出ないことも良い点です。それらを教えてもらいました。

普通に考えれば、【オーラ】や【チャクラ】は、西洋的な発想では生まれません。エネルギーを考え、【オーラ】と【チャクラ】に思い当たったのだろうと思います。

これをテコに「使えるレイキ」、「治せるレイキ」ができるのではないか――。

フィシオエナジジェティックと出会った時、私はこう考えました。

フィシオエナジジェティックとダイナミック・レイキコウは、この六種を不調の原因と考えることは共通しています。しかし、少しずつ修正が必要でした。

たとえば、【ケミカル（生体化学）】です。

花粉症の原因はアレルギーで、アレルギーを起こす物質はスギ花粉と言われますが、もっと基本的な原因は大気汚染です。最も根本的な対策は自動車の廃止ですが、それでは現代社会は成り立ちません。

車は必要だし、人間が必要とする化学物質もあり、化学物質のない世の中は住みにくいものです。不必要な重金属や化学物質を除去し、免疫力を正常にするしか方法はありません。時代背景もあり、フィシオエナジェティックで原因としている重金属や化学物質の種類が増えています。

私は、気を学びたい方に「待山気塾」で教えています。その「中伝」の中で教える【生体化学（ケミカル）】は、フィシオエナジェティックと同じく、デトックスしなければいけない物質がある場合、デトックスするサプリメント等を実際にとってもらいます。

そのあとのコースである「エナジーワーカーコース」の【構造（フィジカル）】では、その物質を特定したら、「気」でその物質を無毒化してしまいます。待山気塾の「初伝」→「中伝」→「エナジーワーカーコース」と進むと、その意味合いは変わってきます。

【感情（エモーション）】、【ケイラク（気の異常）】も不調の原因です。

これを解消する手段として、フィシオエナジェティックでは、自然療法（ホメオパシー、フラワーエッセンス、アロマオイルなど）を用います。この自然療法に、ケイラクが加わります。

ケイラクの異常あたりから、気功師の私は、フィシオエナジェティックで考えるケイラクとはちょっと変わってきます。私の待山気塾の「中伝」では正経、奇経、耳ツボを教えます。

フィシオエナジェティックでは、フランス人のP・ノジェ氏が考案した耳ツボを強く圧すだけです。私のところでは正経、奇経、耳ツボで、優先順位が高いものを使用します。待山気塾の「エナジーワーカーコース」では、耳ツボから気を流します。それも「宇宙根本の気」「宇宙無限の気」「宇宙中心の気」「宇宙唯一の気」のうち、一番適切なものを流します。

【オーラ】と【チャクラ】でも、修正を加えました。

オーラの概念を述べてみましょう。

①オーラがズレる
②オーラに乱気流が発生する
③オーラに穴があく

フィシオエナジェティックでは、この三種を説きます。

①オーラのズレ

オーラは、地球に対する空気のような存在です。ズレとは、自分の周囲にまとわりつくオーラ（地球で言えば空気）が、実体と離れてしまうことです。

通常、オーラは自分の肉体に対して左右対称に広がっていなければなりません。そのオーラが左右、または前後で非対称になっています。地球の空気でたとえれば、ある経度・緯度のところで空気が薄くなっているような状態と考えてください。

②オーラの乱気流

これも、オーラが空気のようなものと捉えれば解ってもらえるでしょう。乱気流があると、地球の大気が乱れます。人体では、「治ったと思ったら、また痛みが出てきた」などといった現象として出てきます。

③オーラの穴

大気の中のオゾンホールのように、オーラに〈穴〉があいてしまった状態です。

実は、フィシオエナジェティックが「気」に使えると私が思ったのは、この穴の説明を受けた時のことです。「ここにオーラの穴があいている」とヴァン・アッシェDOが示した場所に、〝動物霊〟がいたのです。動物霊はコンピュータ・ウイルスのような存在ですから、治ろうとする人間の自然治癒力を邪魔します。ですから、地球（人間の側）からは、大気の中の穴ですが、別の面から視ると、地球に入り込んできた別のインベーダーなのです。

フィシオエナジェティックでは、【オーラ】の〈穴〉の治療に、ケイラク治療やシャーマン的な施術を行います。〈穴〉には動物霊がいるとしか考えられない私は、動物霊を取ってしまいます。こうして、フィシオエナジェティックを少しずつ修正・変化させ、現在のダイナミック・レイキコウに至っています。

【チャクラ】も、そうでした。

代表的なチャクラは、七つあります。これはさまざまな情報の取り入れ口と言われていますが、いろいろ悩み、ダイナミック・レイキコウでは、チャクラを〈前世〉〈先祖〉〈生き霊〉と解釈し直しました。これは霊障を引き起こす原因＝情報になります。また、「量子場治療」が正常なチャクラに変えるようです。

こうした試行錯誤の結果、ダイナミック・レイキコウには「六締感印法」という、原因を確かめるリーディング手法が形づくられてきました。

福田高規先生……「人間はすべてつながっている」ことを学ぶ

その後、いろいろな治療家の先生に学ばせていただきました。

人間の潜在意識の深いレベルは皆、同じ一つの意識に溶け合い、つながっている――。

福田高規先生は、そのことを教えてくれました。

人のつながり方について、福田先生は「潜在意識の活用」と言うだけで、気とはひと言も言いません。しかし、意識の四階建て（肉体、顕在意識、潜在意識、超意識）を説明し、自分の心と体を使い、潜在意識から情報を得る治療の手法を技術的にまとめています。

福田先生は、ケーシー療法をやっていた方です。ケーシー療法はリーディングで有名ですが、無意識の世界で人がつながっていればこそ、リーディングが可能になります。実は、「気」の遠隔療法が可能であることも、ここに理由があります。

ダイナミック・レイキコウで、リーディングは非常に重要な要素になっています。その気づきで、福田先生には多くを教えていただきました。

福田先生は60歳をすぎて結婚し、子供ももうけています。80歳を超えた現在も治療家として元気に活躍されています。うらやましい限りの方です。

「人間はパソコンのようにネットでつながっていて、霊はコンピュータ・ウイルスのようなものだ」。人のつながりについて、私はこう考えています。メールを開かなければコンピュータ・ウイルスに感染しないように、霊を見ずに処理してしまえば簡単です。それでも内容がチラッとでも視えてしまうこともあり、注意が必要です。

福田先生の超意識リーディングの原理を私なりに解釈し直し、先生の「遊びの健康法」からヒントを得て、「新・遊びの健康法」をつくりました。これはレイキのチャクラと、ハワイの

「ホ・オポノポノ」を取り入れたもので、意識から無意識に降りていく方法ですが、簡単に紹介したいと思います。

次の①〜④の順に言葉にし、リーディングでイエスとなった方法を試します。

①前提……「ごめんなさい」、「許してください」、「ありがとう」、「愛しています」（これらが、ハワイの「ホ・オポノポノ」です）。

レイキには、「五戒」があります。それは、「今日だけは怒るな、心配するな、感謝して、業をはげめ、人に親切に」というものです。「今日だけは」というと、大半の人は「今日だけは我慢して」と思います。しかしこれもガンジーの言う「明日死ぬと思って今日を生きなさい。永遠に生きると思って学びなさい」という「覚悟して」という意味です。

「業」というのは、実は業＝天命です。しかし、現代人にとり、業＝宿命・宿業となってしまってあまりピンときません。

レイキを広めた高田氏は、ハワイに住んでいました。そのこともあり、現代にマッチするように、ハワイの「ホ・オポノポノ」の言葉を使用しました。実際にこれは幸福を招く言葉と言われていますし、「他人とつながっていく言葉」とも表現できます。

②理想……「この今、生命が私を通して、世界中の人々を活き活きさせています」

③目的……「世界中の人々の心身の健康のために生きるぞー！」（具体的に、「〇〇さんの腰のために生きるぞー！」でもかまいません）

④明示……「うれしいな！　うれしいな！　このままで大丈夫。今とても、良いことが起きている」

イエスとなった項目について、再びその項目を思ってムドラー（手印）を結び、マントラを唱えます。

ポーズでやる場合、チャクラを開くポーズを取り、マントラを唱えます。「中伝」になるとポーズは合掌になり、合掌のまま、各マントラに対応する呪文を唱えます。

待山気塾の「初伝」では、マントラは第一チャクラから順番に、「ＬＡＭ、ＶＡＭ、ＲＡＭ、ＹＡＭ、ＨＡＭ、ＯＭ、ＯＭ」と教えています（１７６ページのイラスト参照）。「中伝」になると、それに対応するマントラは違ってきます。具体的な使い方をお話しましょう。

たとえば、相手が首に違和感があり、痛みがあったとします。

その方に、「前提」「理想」「目的」「明示」のそれぞれについて、リーディングで聞いていきます。あなたはイエスとなったその項目を言葉にし、また、イエスとなったマントラを唱え、各マントラに対するポーズをとります。この方法を行うと、相手の首の違和感、痛みが消えていきます。

この健康法は、「人はつながっている（無意識の世界で）」ことを証明する方法です。つながっているからこそ、相手の違和感や痛みが消えていくのです。試す機会があれば、ぜひ一度実行してみることをお勧めします。

若林恒先生（調気光）
……霊の存在や霊障について学ぶ

その後も、いろいろ勉強を重ねました。

大阪で調気光を行っている若林恒先生には、霊の存在や霊障について教えていただきました。私と同じく、若林先生も気功から始まり、レイキに出会っています。その経歴から、レイキ系の気を使います。

当初、霊障と聞いても何だか分かりませんでした。「オカルトの世界で気持ち悪いもの」。凡人の私には、実際の施術には役立たないというイメージしかなかったのです。

しかし、長年にわたって人の身体を診ていると、手を体にかざし、ス〜ッとスキャンしていくと、ビリビリと何か感じるところがあります。ほとんどの場合はそこが悪いところなのです

動物霊のとり出し方

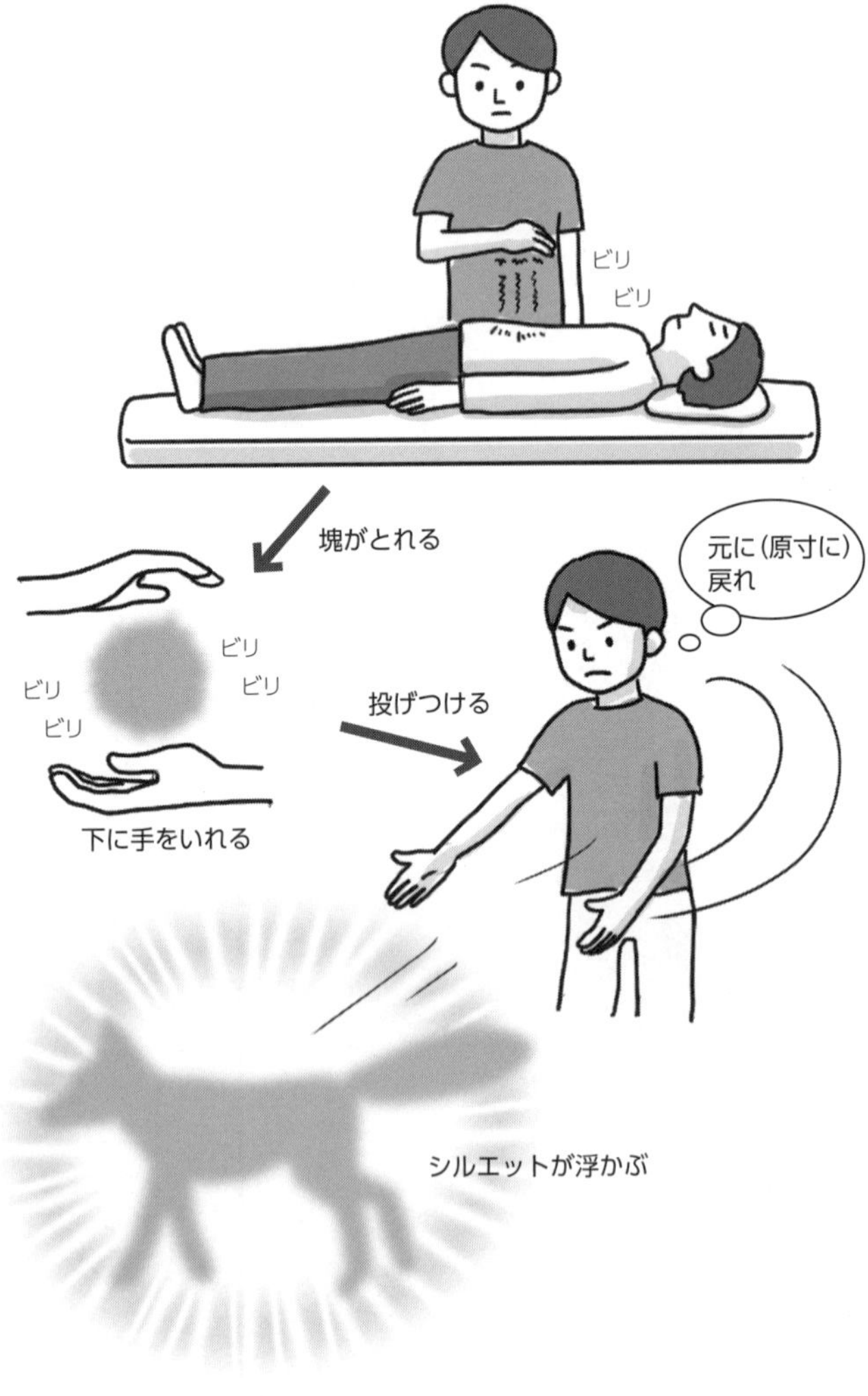

が、その中で特にビリビリ感を強く感じるところがあります。

その下に反対の手を持っていくと、何か塊の取れる場所があります。その塊に気を向けていくと、手の中で何かがうごめいています。それを取り出し、「元に（原寸に）戻れ」と言って投げつけると、そこに動物のシルエットが浮かびます。

「これが動物霊だ」

若林先生は、そう教えてくれたのです。

たとえば、非常にコリの強い人がいます。何度マッサージをしても、コリが取れません。あるいは、筋肉はフニャフニャになっているのに、本人は「まだコッている」と言う人もいます。そんな時は、そのコリのところに動物霊のいることが多々あります。

フィシオエナジェティックの六種の原因の中に、【オーラ】があったことを思い出してください。人の体には、体を守っている【オーラ】があります。【オーラ】は普通、体を中心に左右対称で、同じように均等に広がっていなければなりません。

【オーラ】に〈ズレ〉〈乱気流〉〈穴〉があると不調をきたします。オゾンホールのように【オーラ】に〈穴〉があくと、その〈穴〉から、紫外線をはじめとするさまざまな悪い波動が入ってきます。

ヴァン・アッシェＤＯは、この【オーラ】の〈穴〉に対する施術として、ケイラク調整とシャーマンのような方法を見せてくれました。その方法は、ヴァン・アッシェＤＯが、南方の未開の地のシャーマンから習得した方法だと言います。このシャーマンのような施術を見て、若林先生の言う動物霊の「除霊」になっていることを知ったものです（若林先生は「浄霊」です）。フィシオエナジェティックと若林先生からの学びで、動物霊は【オーラ】の〈穴〉にいることが解りました。このことは、ダイナミック・レイキコウに大きな影響をもたらしました。

若林先生には、気のトレーニング法をいろいろ教えていただきました。

前章で気のエネルギーが視えた話を紹介しましたが、若林先生から教えていただいた気のトレーニングをしているその時、私は気を観る※ことができたのです。

※「観る」とは、ピントを合わせた状態で、偶然そこに写っているものをさらに意識的にフォーカスして見ること。

鈴木大光先生
……気の分析法を学び、デジタルリーディングで活用する

調気光は感性が非常に要求され、若林先生ほどの感性を持たない私には、ついていけないところが多々ありました。そこで、勉強したのが鈴木大光先生でした。鈴木先生には、気の分析

の仕方・方法を教えていただきました。

鈴木先生は精神的な病気に強い先生で、「体内1／f理論（ゆらぎ理論）」を創案しています。宇宙は1／fのゆらぎで誕生し、「体内の1／fのゆらぎ」が異常になると、さまざまな病気や犯罪が起こると言います。

そこから、先生は「1／fケイラク気功」を開発しています。この気功で「体内の1／fのゆらぎ」が正常化されると、脳波のアルファ波が1／fの曲線を描くと言います。その結果、精神的な病気も改善されると言うのです。

鈴木先生の手法は、「デジタルリーディング」と呼ぶリーディング法となっています。ゆらぎ指数を0〜100％に割り振ります。たとえば体に良いものを50〜100％、悪いものを50〜0％とし、50％をその分岐とします。

しかし、問題は1／fの指数です。指数はプラスマイナス100％であり、マイナス50〜マイナス100％が悪く、プラス50〜プラス100％が良いと言います。指数自体が独特のもので、これが今一つピンときませんでした。1／fというグラフの指数の取り方にも、独善的という批判があるようです。

それと、「気・ケイラクは大事だ」とよく言うわりに、外気功に批判的です。

「外気功を使うと、よけい気が乱れる」。鈴木先生はこのように言います。気とは周波数のようなもので、さまざまな気を体感してきた私には、それは解るとも言えますが、これは前提となる「気」の捉え方の問題であり、立場の違いでしょう。

ダイナミック・レイキコウのデジタルリーディングで、私はこの指数をよく活用しています。霊障度が50％を超えたものに対して、通常の施術・医療は歯が立ちません。50％以内であれば、霊の治療（ダイナミック・レイキコウには「浄霊」「滅霊」「消霊」があります）は、ほとんど必要ありません。

伊東聖鎬先生
……重心バランス、「浮き沈み」を学ぶ

伊東先生にはいろいろ教わりました。先生は「気」とは言いませんが、私は「気」だと思っています。大きく分けると、次の三点に要約できます。

①重心バランス

重心バランスは、待山気塾の「エナジーワーカーコース」の中の【構造（フィジカル）】の原点です。「中伝」までは通常の整体の技術を気で行う方法ですが、「エナジーワーカーコース」

の【構造（フィジカル）】は違います。

このコースでは、患部は重心バランスが崩れたためと捉え、ポイントをついていきます。したがって、患部とはまったく異なったポイントに、ある刺激を入れていきます。

「この重心バランスのポイントは、ケイラクと同じように、重心バランスの流れるルートがある。そこに刺激を入れていくんだ」

伊東先生はこう言われたことがあります。これはチャクラと同じように、「量子場」を正常にするポイントだと思っています。

普通の場合、施療者が強者（上位者）で、患者さんが弱者（下位者）の構図があります。分かりやすく言うと、「私施術する人、あなた受ける人」の一方通行の構図です。

伊東先生のところへ行くと、その構図が違ってきます。たとえば、人生を投げたような半身不随の患者さんがいたとします。その患者さんが、自分で重心バランスをやっていくと、調子が良くなります。自分で良くなるから、自信を持ってきます。

周囲から見るとそれほど違っているようには見えなくても、その人自身が変わっていくのです。重心バランスの改善は、患者さんの力や自信を引き出していくわけです。これが、「強者（施療者）と弱者（患者さん）の構図が変わる」ということになります。

もう少し言うと、伊東先生の技術を学ぼうとする医療者は、長年そこに通っている患者さんに教えを受けなくてはならなくなります。ここに来ている医療者はすべて謙虚で、前向きな方ばかりです。実力ある患者さんは医療者に尋ねられ、強者と弱者の立場がまったく逆転するのです。

②浮き沈み

これは、なかなか解りづらいことでした。「沈み」（沈んでいる人）のほうはなんとなく解ります。私には「ウツのオーラ」が分かり、ウツ病の人はそのオーラが出ているので解ります。たとえば、ウツのオーラが出ている人は必ず、「あなた、沈んでいる」と言われます。一方の「浮き」のほうが分かりません。デジタルリーディング法でも分かりませんでした。

「読脳法（伊東先生のリーディング法で、脳からの情報をダイレクトに読む方法）は、子供に教えるとすぐに分かる。大人はダメだ」

伊東先生がこう言われたように、私にはなかなか使いこなせません。私なりのリーディング法に置き換えて理解しようとするのですが、どうしても解りません。

「あなたは浮いている、あなたは沈んでいる」

みんなを前に、伊東先生がパッパッと言っていく時は、「勝負だ！」と思って見つめているのですがダメです。

そこである時、「自分の感性が鈍いためだ！」と思い、感性を20倍にしてみました。するとデジタルが動き出し、「浮き」も「沈み」も分かるようになりました。

「感性を20倍にするってどういうこと?」と思われるかもしれませんが、顕微鏡を覗く時、10倍、20倍とレンズを換えてみると、まったく違う世界が見えます。それと同じように、感性を10倍、20倍にすると、その世界が観えてくるのです。「なぜできるのか?」と聞かれても、返答に困ります。あえて言えば、「できてしまう」としか答えようがありません。

「浮き・沈み」が起こる原因は引力、気圧、土地、地球を構成する成分によるものがあります。また、空間には見えないいろいろな周波数が伝播し、特に脳に影響を与えます。

単純に言えば、「沈み」はウツ病になっていきます。「浮き」の人は、躁ウツ病になっていきます。ただ、影響を受けてもすぐ抜けてしまう人、いつまでも残って本当に病気になっていく人など、人によってさまざまです。私は、「沈み」の影響が起こって次第にウツ病になっていく過程のある段階で、オーラにもそれが表れてくるのだと理解しています。

③プログラム

これが最後まで解りませんでした。

「気（地の気）は足から入って重心バランスとなり、脳に届き、脳は自分なりにプログラムを出し、神経に流れてくる」

伊東先生はこう言っています。では、脳のどこなのか……。ここが分からなかったのです。その脳を大脳基底核とし、気の治療に取り入れているのが石本宏先生でした。そこで、伊東先生のあとで石本先生のところに勉強にいきました。

石本宏先生
……プログラムの意味と、気功療法の時代性を学ぶ

石本宏先生は、私と同じような経歴を持っています。違う点は、私はレイキを学んだということです。そのレイキの不完全さから、完全さを求めてダイナミック・レイキコウを開発しました。石本先生の場合、レイキは学んでいません。気の世界を学び、実践も気だけです。

誤解しないでいただきたいことは、ここでレイキ云々を言いたいわけではないことです。

石本先生の「伝授」を受けた瞬間、先生の気が分析できました。電磁波は赤外線から紫外線まであります が、どの電磁波を使用しているかが分かったのです。

太陽の気である「天の気」と、雨のように降ってくる「宇宙の気」の二つをどうミックスし

ていくか……。そのミックスのさせ方が、石本先生独自の方法でした。チャンネルを換えるように周波数を換えると、そうした出力法ができます。それが解ってくると、いろいろな出力の方法が可能になります。

先の伊東先生のところで「プログラム」の問題が出ましたが、私はこのことがなかなか解りませんでした。そこで、「おそらくその辺だろう」と思われる大脳基底核に触れている石本先生のところへ行ったのです。

爬虫類の脳（あるいは「古い脳」）——。

大脳基底核にはいくつかの核（神経細胞の集まり）があり、よくこう呼ばれます。

爬虫類の脳のほとんどはこの大脳基底核が占め、それを覆う大脳皮質（いわゆるシワシワの部分）はありません。私たち人間にも、新皮質に覆われた脳の領域の奥にあります。その性質から、石本先生は「大脳基底核は人体のコントローラー」と表現しています。

大脳基底核に気を送る——。

解らなかったプログラムの具体的な答えが、石本先生のこの答えでした。

石本先生の気は、さまざまな病気に対応できます。これは気の周波数の幅が広いことを意味します。紫外線から赤外線までの色がいろいろな病を治す色……、だとすれば、その色の三原

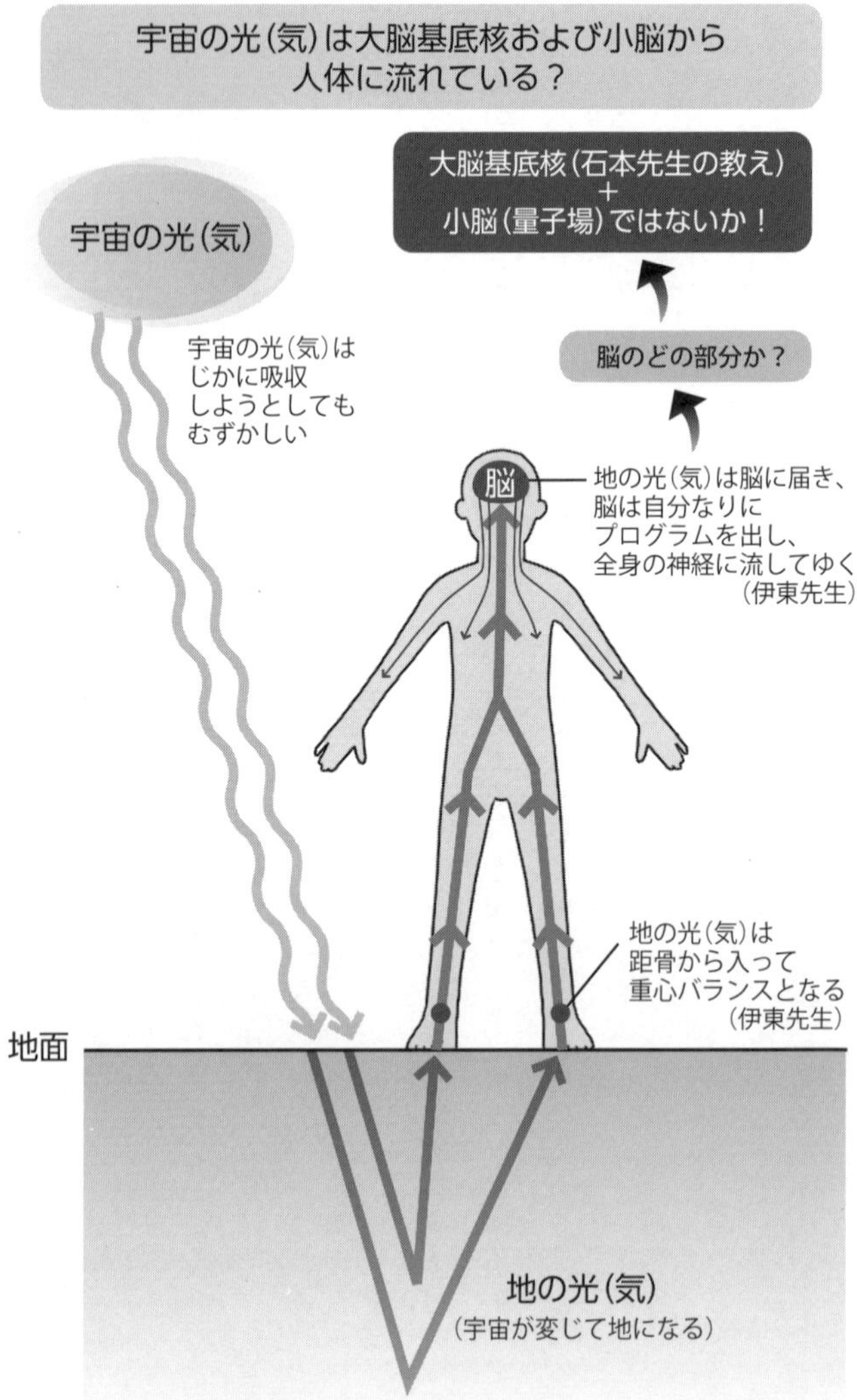

宇宙の光（気）は大脳基底核および小脳から
人体に流れている？
大脳基底核（石本先生の教え）
＋
小脳（量子場）ではないか！
宇宙の光（気）
脳のどの部分か？
宇宙の光（気）は
じかに吸収
しようとしても
むずかしい
脳
地の光（気）は脳に届き、
脳は自分なりに
プログラムを出し、
全身の神経に流してゆく
（伊東先生）
地の光（気）は
距骨から入って
重心バランスとなる
（伊東先生）
地面
地の光（気）
（宇宙が変じて地になる）

色のようなものがないか……。私は、それを「宇宙根本の気」と決めました。

その結果、「宇宙根本の気」には「宇宙根本の気」「宇宙無限の気」「宇宙中心の気」「宇宙唯一の気」の四つがあることが解りました。この四つは、ちょうど正四面体のような構造になっています。プログラム以外にも、石本先生は大切なことを実感させてくれました。

気功療法は、時代背景とともにある。時代性と関係している――。

先生のおかげで、こう捉えることができたのです。

たとえば、「ダイナミック・レイキコウは花粉症を治せる」と言ったところで、花粉症がなかった時代には何のアピールにもなりません。時代の要請で、出てくる気功もあるわけです。

中国のある有名な気功師は山奥に住み、そこで獲れる米しか食べません。アメリカに教えにいきますが、持参した大きなおにぎりしか食べなかったそうです。それで、すごい気を出します。

しかし、現代人は、ハンバーガーやコーラなどを食べたり飲んだりしている人が多くいます。仙人のような気は現代人には向きません。時代の抱えている病根そのものが、石本先生の気功になったり、私のダイナミック・レイキコウになったりしていると考えられます。

時代の要請する気功があり、気功師（あるいは、気を使える治療家）がそれに応えた形のものができたとすれば、その気功は大きな意味を持つことになります。

また、私は、色の三原色である「宇宙根本の気」「宇宙無限の気」「宇宙中心の気」「宇宙唯一の気」の四つの色合いの気を視つけました。そうした今、時代を超えて使える気（色はこの配合）になりました。

その意味で、本書の刊行も存在意義があると自負しています。

かとう公いち先生
……「潜在意識をずっと進んでいくと視える光こそ原点」を学ぶ

かとう先生は、ただ純粋に気を直接体に取り入れようとした人だと思います。その結果として、かとう先生の気は生まれています。

子供の間は、雨のように降る気（宇宙の気）はすべて吸収しています。しかし、大人になっていくにしたがって吸収しづらくなっていきます。通り抜けるか、壁が硬くなって弾かれたりなどしてしまうのです。それでも体に取り入れようとすると、かとう先生のような気でやっていくしかありません。

普通、伊東聖鎬先生が言うように、気（地の気）は足から入ってきます。足から入った気のエネルギーは脳に達し、各人のプログラムにしたがい、脳から神経を通って全身に流れていきます。石本先生の場合、その脳が大脳基底核です。

かとう先生の気は、プログラムといった考えはありません。考えなくても、先生が意識を向けると、相手は勝手に先生が望むようになってしまいます。

ただ一点、意識をずっと真っ直ぐ宇宙に向け、どこまでも、どこまでも進んでいく。「瞑想」すると、ロケットが宇宙を飛ぶように、いくつもの星、星団、銀河を飛んでいく。やがて、真っ暗になる。そこを超えていくと光がある……。実は、これこそ真理なのだろう……。「潜在意識をずっと進んでいくと、視えてくる光……。この光のエネルギーを使う、原点にすることだ！」

かとう先生からは、この大きな学びを得ました。

第3章

ダイナミック・レイキコウが考える「見えない次元」の正体

気は四つあり、「宇宙根本の気」も四つある

前章で述べたような手技や先生方の学びから、ダイナミック・レイキコウは徐々に形を成していきました。

この章では、ダイナミック・レイキコウは「見えない次元」の正体をどう考えているのかをお話していきましょう。

まず、重要な「気」です。気には、流派などによっていろいろな考え方があります。

一般的に、気はエネルギーと考えられています。ダイナミック・レイキコウでも気をエネルギーと捉えていますが、気には次の四つがあると考えています。

①天の気……太陽の気（チカチカの気）

古来、地球には「太陽の気」が降り注いでいると考えられてきました。その「チカチカ光った気」が、太陽の気です。

②地の気……重心バランス（伊東聖鎬先生からの学び）

天の気と宇宙の気が地球に降り注ぎ、その気が地球の中で反射し、足から体に入ってきます。

それが「地の気」で、伊東先生の重心バランスとつながってきます。

③人の気……脳（プログラム、石本宏先生、若林恒先生からの学び）

太陽や宇宙から入ってきた気が地面に注ぎ、人間の体内に入っていろいろなことが起きてきます。それを、伊東先生は「脳でプログラムされる」と表現しています。現代医学では「神経を通って各臓器に行っている」と言いますが、それと同じことです。プログラムしているところが大脳基底核で、石本先生の気は大脳基底核を利用しています。

④宇宙の気……雨のように降ってくる気（私がトレーニング中に視た気・光）

昔は太陽系があり、太陽を中心とした地球の話でした。現代は、太陽の気だけではすみません。そこで、「宇宙の気」が入ってきます。

夜空を見上げると、同じように光っている星があります。仮に片方は1万光年、もう一方は2万光年の距離があったとしても、それが同じように光って観えるのが地球です。何万光年かの差はあったとして、ニュートリノ同様、「宇宙の気」は雨のように降り注いできています。もしかすると、この瞬間に地球上で私たちが浴びている「宇宙の気」は、およそ140億年前の宇宙開闢《かいびゃく》時の気が混じっているかもしれません。

最近解ったことですが、小脳が中心となりコントロールしている場、これが量子場ですが、その「量子場調整」が有効なことが解ってきました。岩尾和雄先生がこの説を唱えていますが、私も量子場師として学んでいます。

ダイナミック・レイキコウでは、「天の気」と「宇宙の気」をミックスして使っています。第1章で、「エネルギーが視えた」話をしました。エネルギーと言うと、つかみどころのないモヤモヤしたものと考えがちです。私は、そのエネルギーの存在自体をビジョンとして捉えることができたわけです。

「宇宙の気」をより詳しく求めようとした時、「宇宙根本の気」を発見したと思った瞬間がありました。実は、「宇宙根本の気」は四つあることが分かりました。

「宇宙根本の気」「宇宙無限の気」「宇宙中心の気」「宇宙唯一の気」……。

前にも紹介しましたが、これがその四つです。この四つの「宇宙根本の気」は、正四面体のようなものと考えることができます。正四面体は四つの面がありますが、その四面があって正四面体が構成されています。

「宇宙根本の気」になぜ四面があるのか……。

その理由は、おそらく用途によって観え方が異なるという意味だと考えています。もともとは一面だったものが、用途によって四面に変化したとも考えています。これは「量子場」への

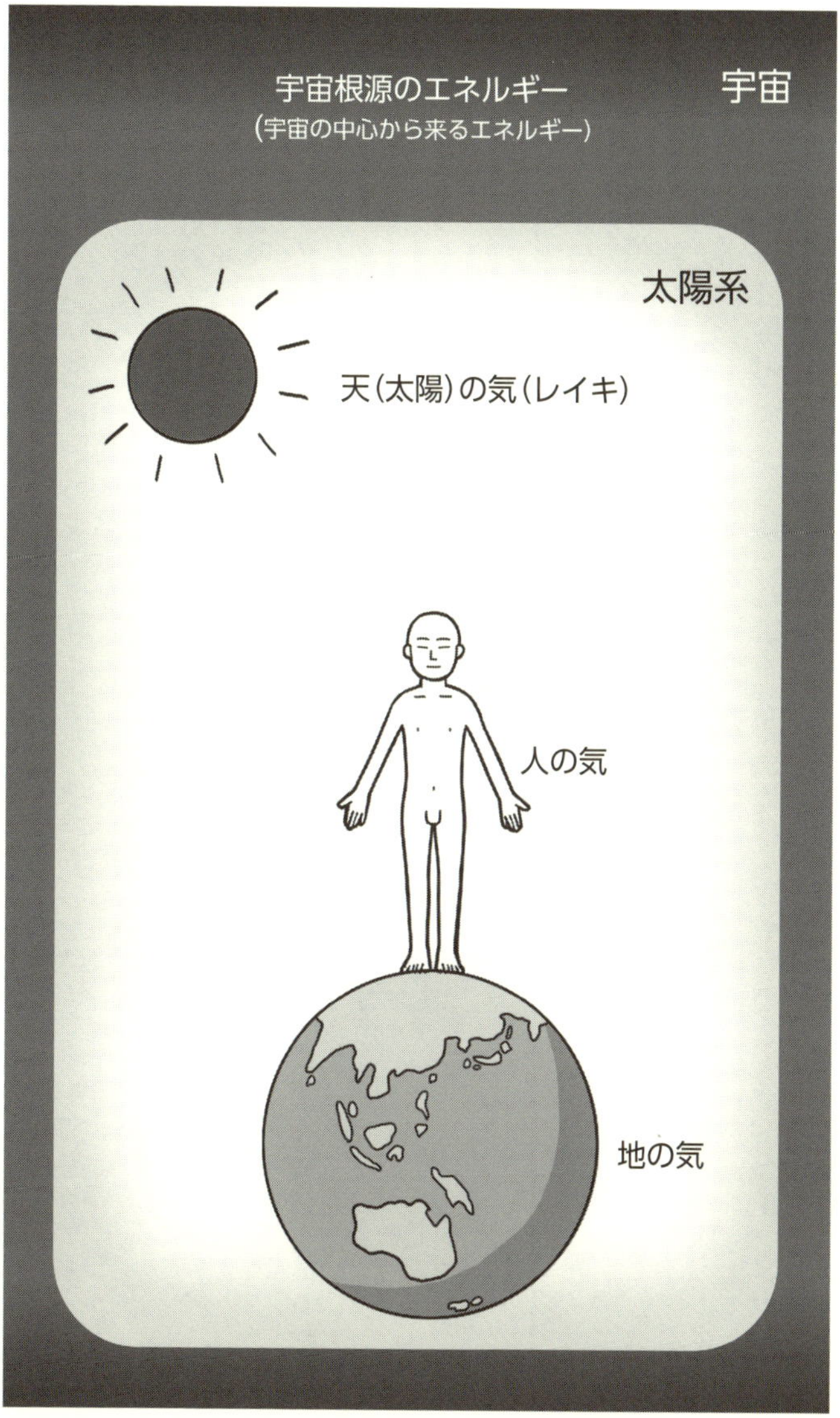
宇宙根源のエネルギー
(宇宙の中心から来るエネルギー)
宇宙
太陽系
天(太陽)の気(レイキ)
人の気
地の気

入り口となりました。分子、原子、原子核より、もっと小さいミクロの世界です。

気功の練習中、私はシャワーのように降り注ぐ光を視ました。私が視た宇宙の光はニュートリノの一種だと思っています。私は、ニュートリノの世界を覗いたことになります。

カメラの焦点のように、人間がそこにピント（意識）を合わせると、通常は見えなかったものまで視えてしまうことがあります。

カメラのレンズのようにピントを合わせれば、また顕微鏡のレンズのように何十倍も鋭く感性を研ぎ澄ませれば、人間の目には、そこまで視える眼があると思うのです。

問題は、どこに焦点を合わせるかです。その答えは本書でお話ししているすべてですが、あえて言えば「目に見えない次元」になります。または「観える次元」とも言えるでしょう。

ケイラクとツボ

今、お話した気の流れる道が「ケイラク」です。「ツボを得た」とか「ツボを外す」といったように、ツボは日本語でもよく使われます。正式には「経穴《けいけつ》」のことで、ケイラク上にある「気の入り口」です。

ケイラクの「ケイ（経）」とは、「気の流れる太い幹線」のことです。

このケイは12本あることから、「正経十二経」とも呼ばれます。いずれも、五臓六腑のどれかと直接的に関連しています。「ラク（絡）」は、「経から枝分かれした細い支線」のことです。「絡脈」と呼ばれることもあります。

このケイラクとは別に、どの臓器とも直接の関係を持たない8本の経があります。それを「奇経八脈」と呼びます。

ケイラクとツボに関しては、鈴木大光先生のご教示に負うところが大です。鈴木先生自身が主に心の病気を対象にしていたため、使うツボは限定されます。私が使っているツボも、鈴木先生のツボと同じです。

ツボにはいろいろあり、ピンポイントで使ったほうが有効なツボがあるかもしれません。しかし、そこを使わず、それに類似するいくつかのツボを活用することで解決できるツボもあります。私は、鈴木先生が使っていた少ないツボを活用しています。それ以外のツボはほとんど使いませんが、臨床実感として、効果に差はありません。

使うツボが限定されているため、使うケイラクも限定されます。〈正経〉〈奇経〉〈耳のツボ〉などを使っています。

オーラには、「視える世界」と「視えない世界」がある

【オーラ（ａｕｒａ）】というのは、人間の体から発せられる気です。日本語でも、「あの人にはオーラを感じる」といったように普通に使いますが、もとはラテン語のアウラ（風、輝き）、ギリシャ語のアウラー（微風、空気）という語に由来すると言われています。

オーラに関しては、先にも少し触れました。

フィシオエナジェティックでも、ダイナミック・レイキコウでも、【オーラ】の問題を不調の原因の一つとして捉えています。ただし、先にも紹介しましたが、ダイナミック・レイキコウでは、その範囲がフィシオエナジェティックよりも【オーラ】と【チャクラ】に偏って広くなっています。

普通は、オーラは体と相似形で体を覆っています。その写真が有名な「キルリアン写真」です。釈迦像や仏像の光背、キリスト教の聖人の頭にある光輪はオーラを示していると言われています。

普通の人は、オーラを漠然と雰囲気として感じます。気功師は、エネルギーの塊のようなも

のを感じます。何色だとか、何層だとか言いますが、もっと複雑です。

この雰囲気をもっと細かく見ていけば、どこが悪いのか解るのではないか？　オーラにはそうした情報があるのではないか？――。

この着眼点から、フィシオエナジェティックより、ダイナミック・レイキコウでのオーラはもっと複雑なものになっています。

オーラのエネルギーの塊を感じると、いろいろな感情や情動、スピリッツ、霊的なものまで感じます。時によっては、映像が頭の中に浮かんでくることもあります。

体に近い場所から、次の三層のオーラがあります。
＊エーテル体……肉体の場
＊アストラル体……感情の場
＊メンタル体……精神の場（数十メートルも広がっている場合があります）
これ以外に、コーザル体、ブッディ体、アートマ体、モナド体、ロゴス体（界）、ニルバーナ体と言われるようなものもあります。モナド体とブッディ体を合わせたものや、ブッディ体とアートマ体を合わせたものもあります。これらはすべて「霊体」と呼びます。

エーテル体、アストラル体、メンタル体までは、現実的な世界です。言わば、「視える世界」

メンタル体までのオーラ

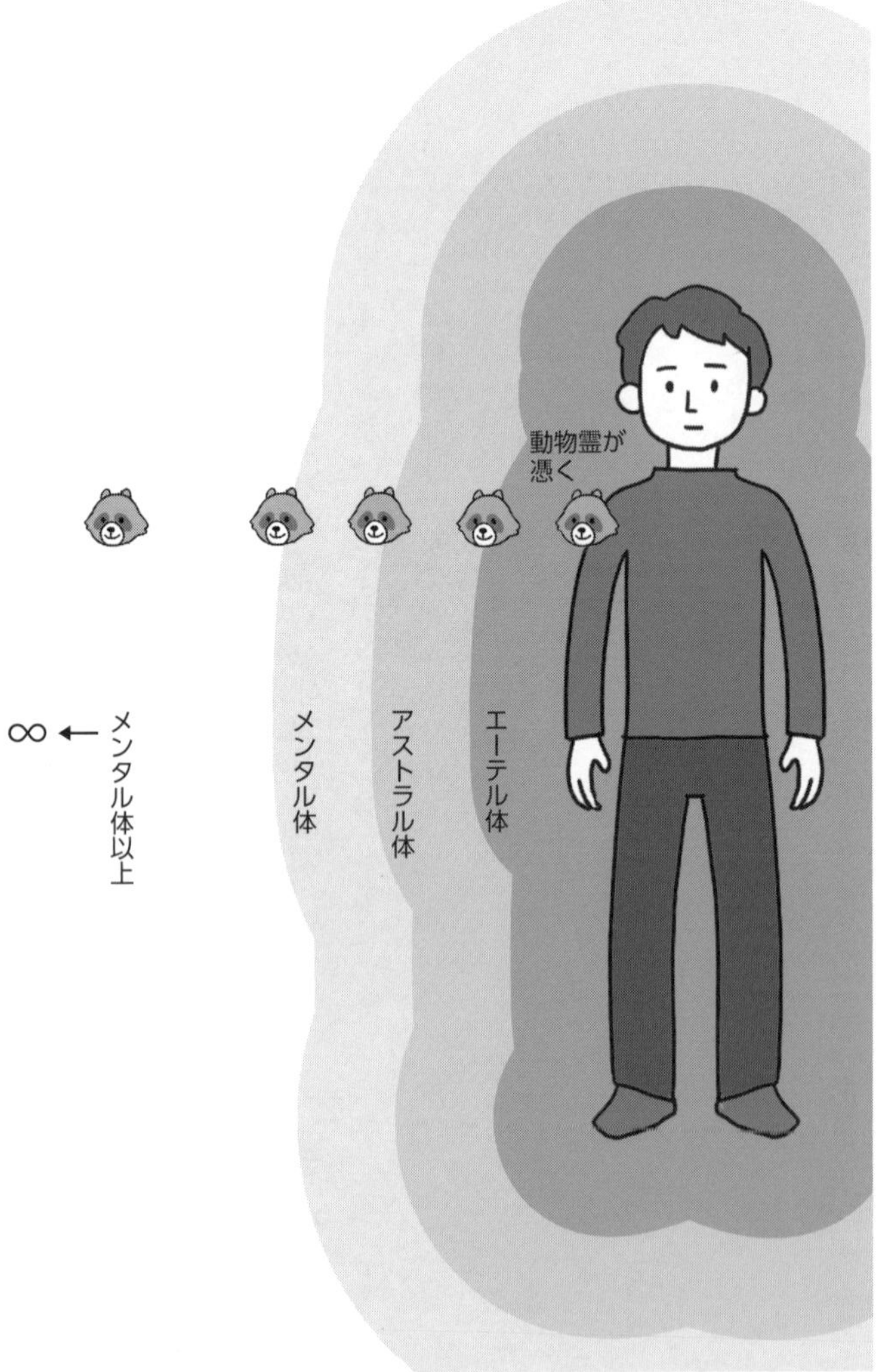

です。

コーザル体を出すと、必ずついてくるオマケがあります。それがマナス体で、これはセットで出てきます。まるで地球と月のような関係です。マナス体とロゴス体は、肉体に非常に近いものを持っています。

中国の鍼灸師がアメリカに渡って開発した療法に、トムタム療法があります。「銅人療法」とも呼ばれますが、銅人とは、鍼灸の勉強でケイラクの人形のことです（昔は銅でつくり、ツボの位置に穴をあけ、試験の時はロウを使ってその穴を埋めました。ツボにうまく鍼を刺せると貫通するというものです）。

トムタム療法は、その人形を磁気ハンマーで叩いたり、レーザー光線を当てたりして治療します。人形を叩くと現実の人間が痩せたりし、ダイエットで有名になりました。私の療法でも使っていますが、私の場合は抽象的な霊体を叩いたりレーザーをあてたりします。

人間の体は、生まれた時は90％が水分だと言われています。

夜、水面に星空が映っている場面を想像してみてください。一つの星は1万光年は離れています。その隣の星は2万光年離れています。しかし、同じように観えます。

その水面が自分であり、星が霊体と言われるものです。水に映った星をつかまえようとしても、捉えることはできません。しかし、現実に、その影響が水面である自分の現象としてあるのです。

私は、これを人形に投影・転写することで、実感を持たせました。【オーラ】の穴にいる動物霊はエーテル体、アストラル体、メンタル体にもいます。そうして人体に影響を与えます。夜空にきらめく星々もまた、人間に影響を与えます。

コーザル体以上は空想の世界、抽象の概念で、「視えない世界」です。また、「観える世界」と言えます。

ブッディ体も抽象概念ですが、現実の臨床では左右が逆転します。たとえば、右側が痛い場合、左側を施術したほうが効果的です。アートマ体になると再び逆転し、左右が最初の状態に戻ります。一番奥にあるだろうロゴス体でも左右が逆転しています。

ニルバーナ体はちょっと特殊で、すべてが融合している体で、わけが分かりません。サンスクリット語で「悟り」と訳せます（これとは別に総合霊体があり、異ったものです）。

私の考えでは、宇宙船が何万光年という時空を超えて飛行すると、今の地球の何万光年か前の地球の姿にたどり着く……。それと同じような感じに思えます。その世界が、私たちの内部にある。どんどん遠くへ行くと、いつの間にか自分の内部に入り込んでしまう。

霊体とは？

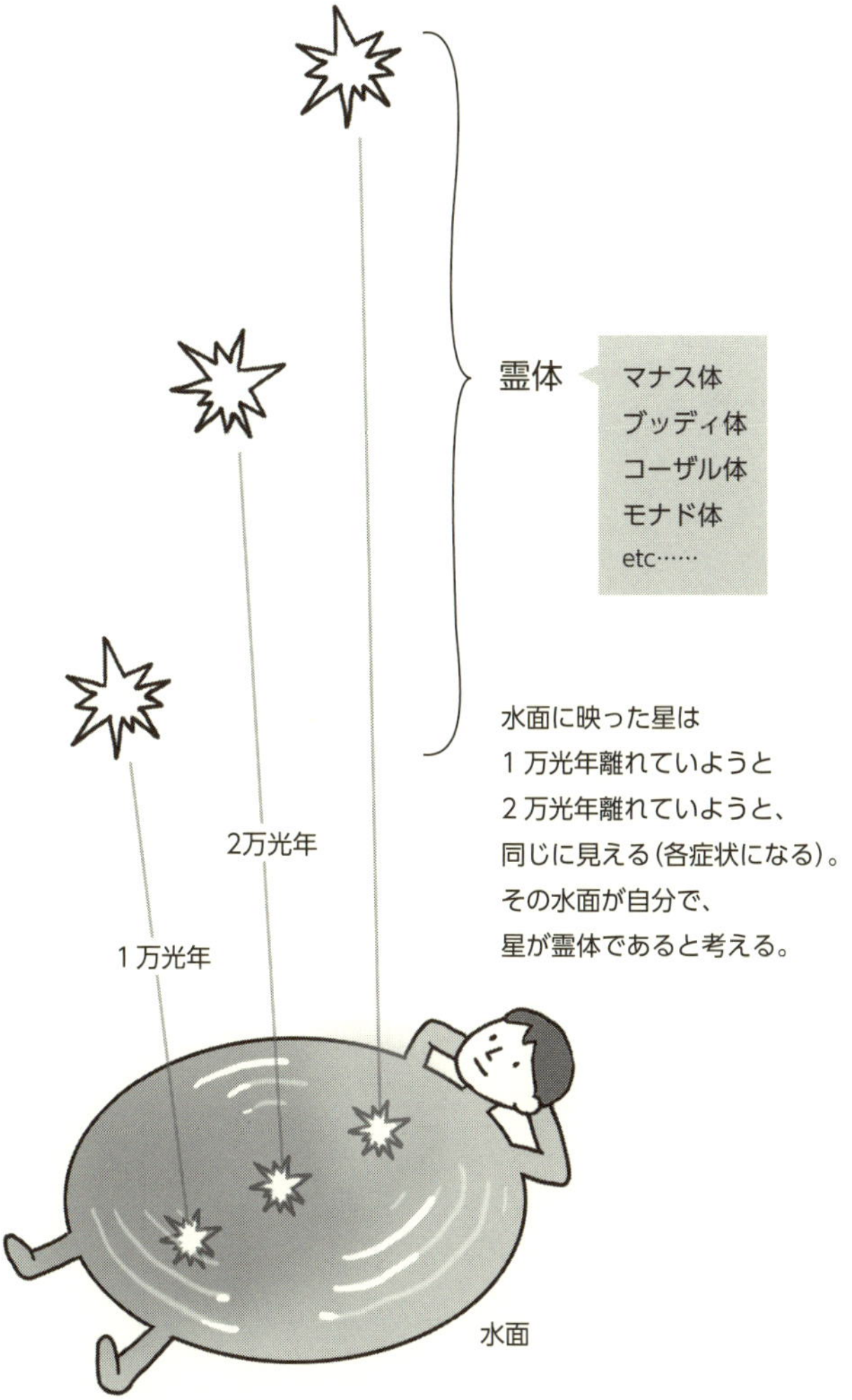
霊体
マナス体
ブッディ体
コーザル体
モナド体
etc……
水面に映った星は
1万光年離れていようと
2万光年離れていようと、
同じに見える（各症状になる）。
その水面が自分で、
星が霊体であると考える。
2万光年
1万光年
水面

「遠ければ遠いほど近い……」。その感覚を言葉にすると、こう表現できます。

この世界は頭で考えても理解できるものではありません。ダイナミック・レイキコウを学べば、この感覚を体得することができます。

チャクラは体にある七つ以外に、体の外にも存在している

チャクラは、「情報」の取り入れ口ともいうべきものです。情報とは、因果（原因と結果）です。チャクラからの情報を、私は先祖、前世、生き霊などと考えています。それらはみな、因果を発生させる源です。

体の中には、第一～第七チャクラがあります。それぞれ次のような名前がつけられており、独自の働きがあります。
＊第一チャクラ（ムーラダーラ・チャクラ）……脊柱の下端、尾骶骨の位置で背面にあります。腎臓、副腎、性腺を制御します
＊第二チャクラ（スワディシュターナ・チャクラ）……ムーラダーラ・チャクラより5センチほど上方で、仙骨付近にあります。副腎、すい臓、性腺を制御します

＊第三チャクラ（マニプラ・チャクラ）……ヘソの付近、太陽神経叢の部にあります。すい臓、副腎、胃、脾臓、肝臓などを制御します

＊第四チャクラ（アナハタ・チャクラ）……心臓の付近にあります。胸腺、心臓、肺を制御します

＊第五チャクラ（ヴィシュダ・チャクラ）……頸の部分にあります。甲状腺、副甲状腺、唾液腺などを制御します

＊第六チャクラ（アジナー・チャクラ）……眉間にあります。脳下垂体を制御し、「第三の目」とも呼ばれます

＊第七チャクラ（サハスラーラ・チャクラ）……頭頂部にあります。松果腺、松果体、視床下部を支配します

この七つのチャクラはよく言われるものですが、実は第八〜十二チャクラもあります。第八〜十二チャクラは、体の外にあります。第八チャクラは体の裏側（第四と第五椎骨の裏側）、第九チャクラは足の下、第十〜十二は頭の上にあります。実は、第十二チャクラの上に、もう一つ大きなチャクラがありそうです（臨床では、さらにその上のチャクラがあり、第十七チャクラまでが確認されました）。

「ゴースト」の正体と種類・特徴

「ゴースト」というのは、「人間の肉体に憑いている霊」を意味します。

ダイナミック・レイキコウでは、人間の脳をコンピュータとすると、ゴーストはコンピュータ・ウイルスと捉えています。ゴーストにはさまざまなものがあり、なかでも最も一般的なものは動物霊です。その動物霊にもいろいろあります。

＊動物霊①……周囲を取り巻いていたり、背中や背骨にいたりします

＊動物霊②……頭、体幹、脚、腕などにいます

＊動物霊③……体、オーラ（エーテル体、アストラル体、メンタル体、それ以上）にいるものがあります。「それ以上」というのは、理論上は地球上すべてであり、頭上にある星々のようなものがコーザル体、ブッディ体、アートマ体、モナド体、ロゴス体（界）、ニルバーナと言われるもので、理論的には自分の回り無限大です。

これらは神智学でよく言われるものですが、私の場合は違います。私の場合、神智学で言われるようなものではなく、「コーザル体を転写！」と言うと出てくる姿を指します（こ

れは大脳ではなく小脳に働きかけた時、出てくる感覚になります）。

動物霊以外にも、ゴーストはいます。

＊魂……体、オーラ（エーテル体、アストラル体、メンタル体、それ以上）にいます。

魂は、自分の魂以外の魂が入ってくることがあります。自分が自分でなくなったような、ザワザワした感じがします

＊水子……体、オーラ（エーテル体、アストラル体、メンタル体、それ以上）にいます。

水子は特殊な魂です。産んだ本人に憑くとは限りません。水知らずの他人にも憑きます。エネルギー体として丸くなっていることが多く、横腹にいます。憑いていると、体を歪めてしまいます

＊生き霊……「生き霊」とひと声かけると出現する「念」のことです。体の右側、左側、後ろに憑くほか、チャクラに潜みます。寝た場合、頭の上や足の下にいる場合があります

＊死霊……いわゆる浮遊霊や地縛霊などです。基本的に体のセンター、右側、左側のいずれかの範囲に憑きます。「センター」といっても、体の中心線ではありません。センターにも幅があり、体から10センチほど離れた場所にいる場合もあります。頭の上、足の下に潜むこともあります

死霊の憑くところ

「死霊（の世界）」と声をかけると出てくる。
先祖霊とは違う類いである。
場所から拾ってしまうことが多い。

基本的に右、左、センターのいずれかの範囲に憑く。
それ以外に頭の上、足の下に憑くこともある。

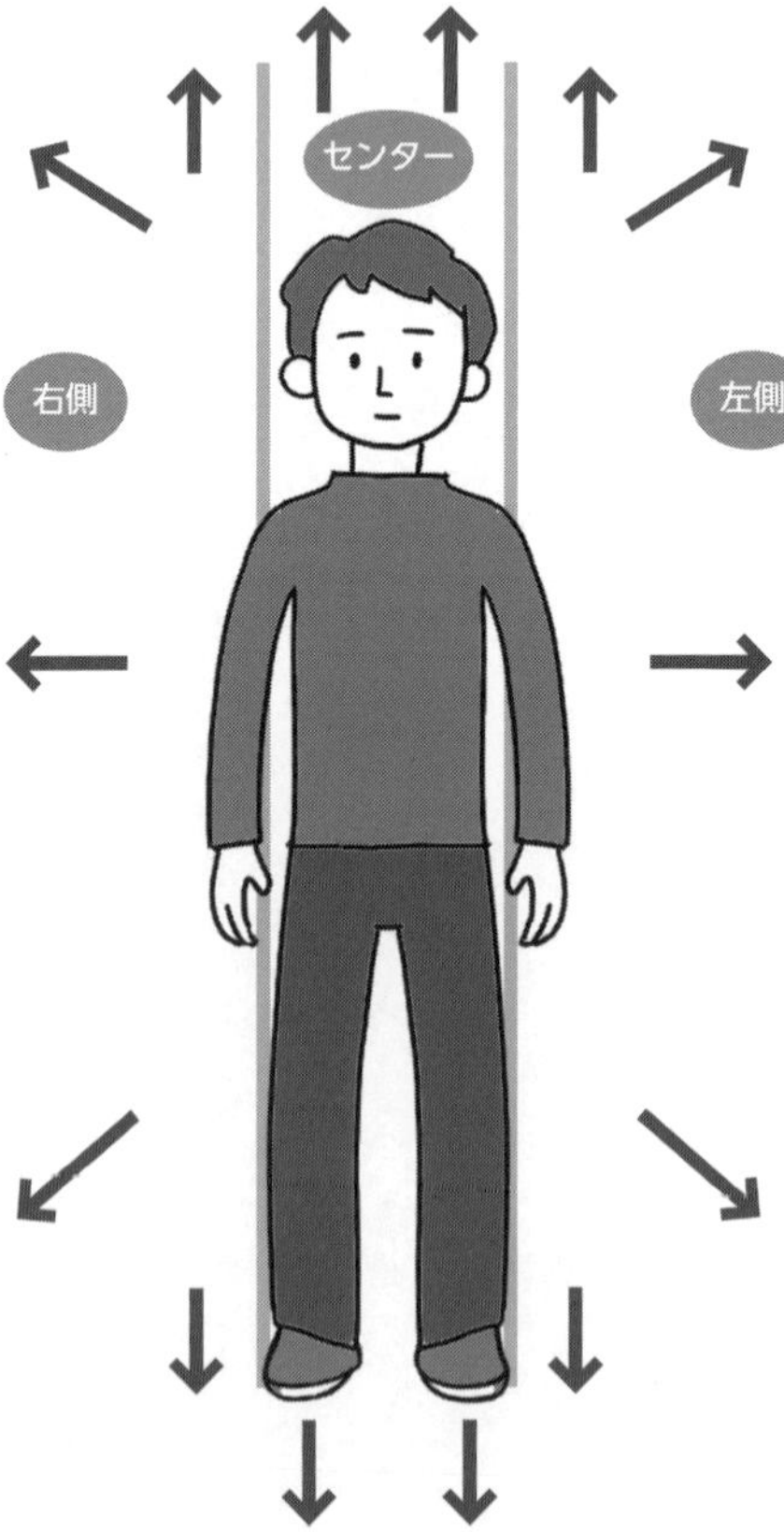

先祖霊の憑くところ

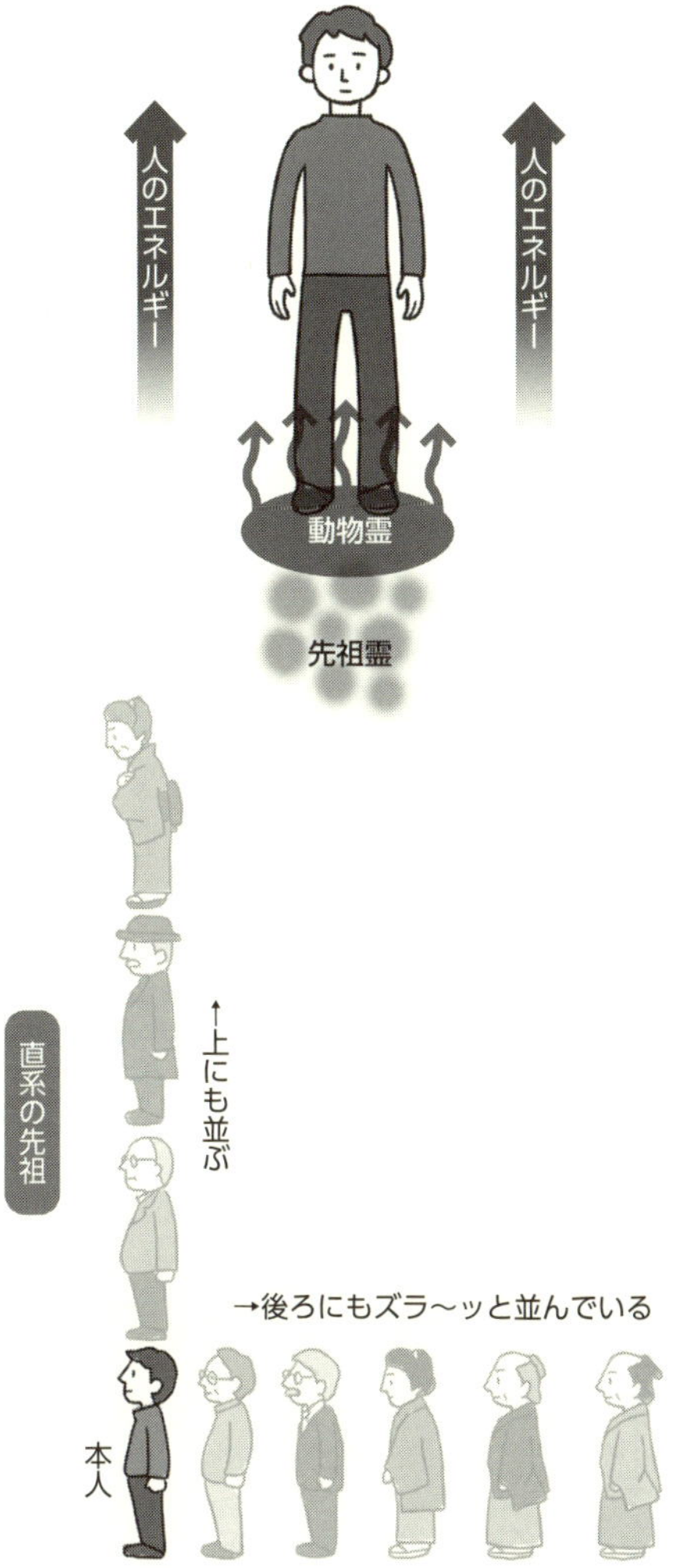

＊先祖霊……先祖（あるいは「先祖の世界」）と声をかけると出てきます。体の右肩、左肩、後ろ、頭上の範囲にいます。体の右肩は母方、左肩は父方、後ろは直系（父方の直系ですが、女性は結婚すると徐々に変わります）、頭上も直系ですが、程度としてはやや良いほうの直系になります。

「先祖が憑いている」というと、「自分を守ってくれているのだ！」と無条件に喜ぶ人がいますが、自分の先祖を調べてみてください。悲惨な死に方、無念な死に方、自殺した人もいるかもしれません。「自分の恨み、つらみを分かってくれ！」と憑いている場合が圧倒的に多いのです。

＊前世……〈前世のキズ〉〈前世の因縁〉〈前世そのもの〉に分かれます

ゴーストの本質は、エネルギー体です。アメリカなどでは、「残留思念」をゴーストとしています。残留思念というのは、「執着などでこの世に残った魂のエネルギー」のことです。

「霊体」の正体と種類・特徴

「霊体」というのは、「架空の体に憑いている霊」を意味します。コーザル体、ブッディ体、アートマ体、モナド体などにいます。石本先生の考える霊はここに属し、先生の方法は「除霊」ですが、私の方法は「浄霊」です。

「除霊と浄霊はどう違うの？　同じようなものでしょう」と思われるかもしれませんが、違います。除霊は、霊にどこかに移動してもらう方法です。浄霊は霊をなくす方法で、エネルギーとして存在しなくなるという意味です。ダイナミック・レイキコウでは、「浄霊」です。

また、「滅霊」もあります。これは物質的なパワーで行う方法です。「宇宙根本の気」「中心の気」「無限の気」「唯一の気」などを使って浄化します。一つひとつの霊は浄霊していき、集団の場合は滅霊を使います。

＊動物霊

＊魂（魂、ＵＦＯ、星）

＊水子

＊生き霊

＊死霊（天狗、悪魔、悪邪）

＊先祖霊（右側、左側、直系）

＊前世

霊の存在を感じる部位

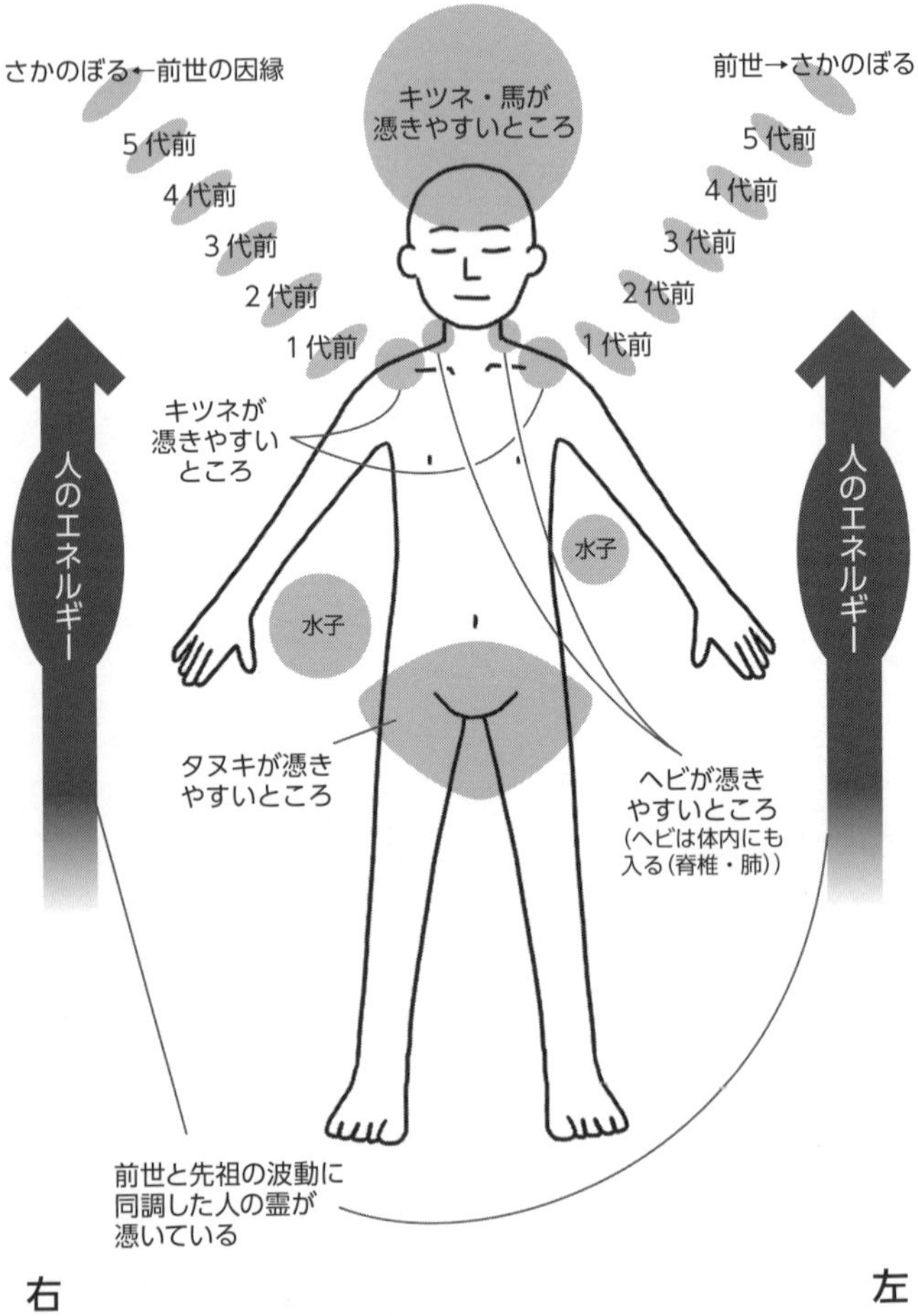

キツネ・馬が
憑きやすいところ
さかのぼる←前世の因縁
5代前
4代前
3代前
2代前
1代前
前世→さかのぼる
5代前
4代前
3代前
2代前
1代前
人のエネルギー
人のエネルギー
キツネが
憑きやすい
ところ
水子
水子
タヌキが憑き
やすいところ
ヘビが憑き
やすいところ
(ヘビは体内にも
入る(脊椎・肺))
前世と先祖の波動に
同調した人の霊が
憑いている
右
左

ゴースト同様、「霊体」にはこれらいろいろなものがあり、本質はエネルギー体です。

霊体に憑く「トロイの木馬」もある

コンピュータ・ウイルスにも種類があります。その中に通常のウイルスではなく、「トロイの木馬」と呼ばれるものがあります。霊の考え方にもこれがあります。それを消滅させる方法が「消霊」です。

「トロイの木馬」は、どこかで聞いたことがあると思います。

「トロイの木馬」は、トロイ戦争（トロイア戦争とも言います）で登場します。

この戦争は古代ギリシャの詩人ホメロスの『イリアス』という詩にあり、小アジア（現トルコ）の北西隅にあったトロイとスパルタとの戦争です。トロイ戦争は、スパルタの王妃ヘレネが、トロイの王子パリスに誘拐されたことに起因します。

王妃を奪還するためにアガメムノンを総大将にし、ギリシャの王侯がトロイアを包囲・攻撃します。攻防は実に10年にも及びますが、なかなか決着がつきません。そこでギリシャ軍は一計を案じ、兵士を潜ませた大きな木馬をトロイの城中に送り、油断をついてトロイを滅亡させたという話です。

ついでにもう少し補足すると、この話は神話と考えられていました。しかし、歴史上の事実と確信したシュリーマンなどが発掘を重ね、トロイ文明を発見しています。

話を戻しましょう。霊体が視えてくると、霊体のいる環境も観えてきます（霊体を取り巻く世界にいる霊を浄化する方法を「消霊」と言います）。

コンピュータ・ウイルスの「トロイの木馬」は、ある「ひっかけ」があって入り込んでくる不正なソフトです。霊障となりうるものとして、次のようなものがあります。

＊幽霊、お化け、ゴーレム、ホムンクルス
＊妖怪、妖魔、精霊、幻影
＊モンスター、怪物
＊神
＊神話に登場してくる神
＊伝説に登場してくる神
＊仏
＊仏説に登場してくる神、仏、菩薩、天

＊伝説に登場してくる神、仏、菩薩、天
＊鬼、鬼神、動物神、閻魔、サタン、精霊（妖怪のところに出てくる精霊とは違っています。精霊の種類なのかもしれません）
＊その他のゴースト、大魔王
＊その他の妖怪、式神
＊陰魔、煩悩魔、死魔、天子魔、第六天の魔王

「トロイの木馬」は「霊体」に憑きます。霊体は「架空の体に憑いている霊」です。

私は、この霊体を人形に転写します。最初は霊体だけしか視えませんでしたが、何回も繰り返しているうちに、霊体を取り巻く世界も観えてきました。「トロイの木馬」はそこにいました。すべてエネルギーの塊のため、形ははっきりしません。あえて名称をつけるとすると、リーディングをして「〇〇」と出てきた答えがそれです。

「この『トロイの木馬』の中には、幽霊やお化け、妖怪、モンスター、鬼、鬼人、閻魔、大魔王、陰魔、煩悩魔、死魔、天子魔などが『トロイの木馬』になっています。これらは何となく理解できますが、『神』や『仏』、それに『精霊』や『式神』も『トロイの木馬』なのですか?」

今、こう思われた方もいるでしょう。

「神」や「仏」がなぜ「トロイの木馬」になるのでしょうか？　その理由は、その人が「神」や「仏」と信じたり、信仰したりしている対象が、実は本当の神や仏ではないことがあるからです。たとえば、動物霊が動物霊ではなく、「神」として信仰されている場合があります。

「霊」と「霊障」について、誤った理解が横行している

霊と霊障について、ここで大切なことをお話しします。

「霊は誰にでも憑くものではない」と考えている方も多いのですが、違います。霊というものは、ほとんどすべての方に憑いているのです。

また、「霊はおどろおどろしいものだ」と一般的に思われていますが、これも違います。「動物霊」にせよ、「ゴースト」にせよ、「霊体」にせよ、「トロイの木馬」にせよ、すべてエネルギー体です。実体は、決しておどろおどろしいものではないのです。

人は、奥深いところでインターネットのように繋がっている。霊は、そこに入り込んだコンピュータ・ウイルスのようなもの——。霊について質問される方もいますが、私はこうお話ししています。

コンピュータのメールを考えてください。ウイルスが仕込まれたメールが届いても、そのメールを開けなければ何も起こりません。

同じように、霊の世界も開けなければ何も起こりません。しかし、霊の世界を開けて視ることができる人がいます。特に、霊感度が強い人にその傾向が顕著です。そうした人が霊の世界を開けて視てしまうと、おどろおどろしいものになります。

また、そのような体験をした人がいろいろな話をするため、霊の世界がおどろおどろしい世界と伝えられてしまうのです。

霊障は、コンピュータ・ウイルスの種類になります。霊障は誰にでもありますが、むやみに怖がったり、怖れたりする必要はありません。霊とはエネルギー体だからです。

ただし、コンピュータがウイルスに侵されると、暴走したり、全情報が消去されてしまったりします。霊障の場合、自然治癒力がうまく働かなくなってしまいます。

霊障度を測る基準があります。霊障度50%までは、あまり考えずに普通の治療でうまくいきます。ところが、霊障度が50%を超えると、普通の治療はまったく役に立ちません。

症例　遠隔で動物霊を浄霊した

私の患者さんで、両親が愛知県にいらっしゃる方がいます。

「実家にいる父親ががんで手術を受けました。がんは治っているようですが、手術の傷口が治らず、退院できずに困っています。医者は困って、『本人の治癒力ですからね、なんとも言えません』と言っています」

ある時、来院したその患者さんからこんな相談を受けたことがあります。

遠隔で、その父親を出してみると、傷口にヘビがとぐろを巻いています。他にはいないようだったので、そのヘビを浄霊しました。

患者さんをアンテナにし、父親に六締感印法のリーディングを用いると、「あと三日くらいで、傷口はふさがる」ということが解りました。

その結果を受け、「一週間で退院できるでしょう」と私は患者さんに告げましたが、患者さんは半信半疑で帰りました。

「ビックリしました。先生の言った通りになりました」

二週間後、その患者さんは嬉しい報告をしてくれました。

今、「六締感印法」という言葉が出ました。これはダイナミック・レイキコウ独自の原因確定法です。このことは、しばらくあとでお話したいと思います。

「ダイナミック・レイキコウには、原因を確定する六締感印法があるんだな」

ここでは、こう理解しておいてください。

このお父さんの傷口が治らなかったのは、霊障が邪魔をして、通常の治癒力が働かなかったためです。先ほども言った通り、霊障度が50％以上になると、通常の治療はまったく意味をなさなくなります。まず霊障度を50％以下にした時、すべての治療法が生きてくるのです。なかなか状態が快癒しない、何度もぶり返す、通常効く薬がまったく効果を発揮しない……。

そんな時、霊障を疑ってみてください。

霊を扱うためには、それ相応の訓練が必要です。滅多やたらに扱うと、自然治癒力がうまく働かなくなるために、心身に不調をきたします。

ダイナミック・レイキコウを学ぶと、そうした心配がなくなります。逆に、霊の力をうまくコントロールし、未来を拓く力にすることも可能になります。

第4章

心身の不調をもたらす本当の問題と原因

心身の不調には、大きく六種の原因がある

あなたが今、心身の不調に苦しんだり、悩んだりしているとして、根本的な問題がどこにあるのか、何が原因なのかをご存じでしょうか？

心身の不調を癒し、「体・心・魂」を輝かせるためには、まずその問題と原因を知る必要があります。繰り返しになってしまいますが、ダイナミック・レイキコウでは、心身の不調の問題には、次の六種の原因があると考えています。

①【構造（フィジカル）】
②【生体化学（ケミカル）】
③【感情（エモーション）】
④【気（インフォメーション）】
⑤【オーラ】
⑥【チャクラ】

この六種は、フィシオエナジェティックと共通しています。ただし、ダイナミック・レイキ

「体・心・魂」を輝かせるために、六つの原因を知り、対処法を考える

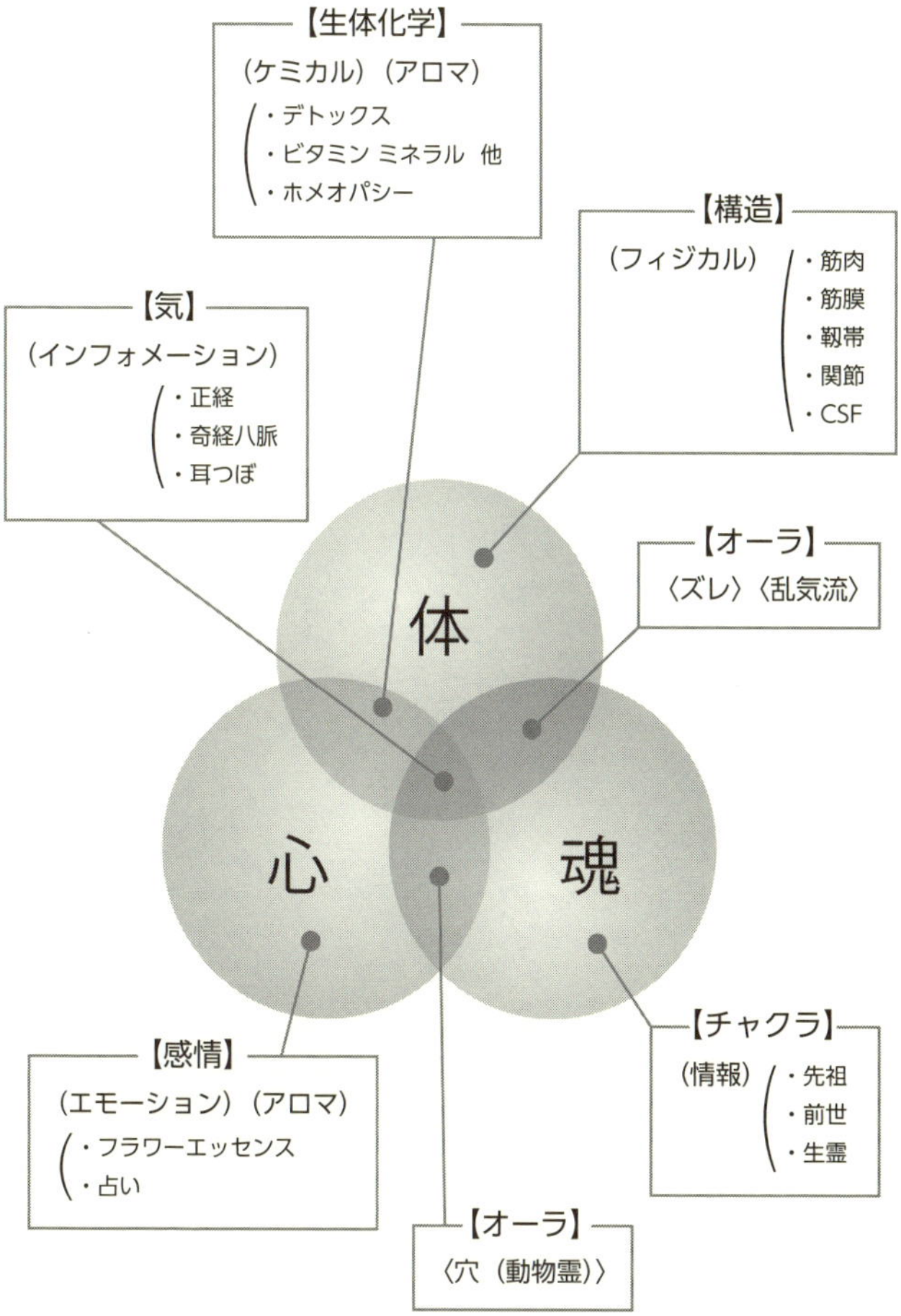

コウでは、⑤【オーラ】と⑥【チャクラ】の領域がかなり広くなっています。

フィシオエナジェティックも、かなり細かい分析です。しかし、【オーラ】と【チャクラ】の領域をさらに広げ、原因の対象にした療法はダイナミック・レイキコウだけです。この特性が、ダイナミック・レイキコウの大きな特徴となっています。

この六種の原因にも、詳しく調べていくと、もっと細かな原因が潜んでいます。人間に何らかの不調が起きている場合、その原因は実に複雑です。

何が本当の原因で、いつどうなって、現在があるのか……。

どこからどう手をつけていけば良いのか、どう解きほぐしていけば良いのか……。

複雑に絡み合った糸のように、これは非常に難しい問題です。原因（絡み合った糸）は一人ひとりで異なりますし、程度（糸の絡まり具合）も違います。

ダイナミック・レイキコウでは、不調のその細かな原因確定に、「六締感印法」を用います。

六締感印法はダイナミック・レイキコウ独自の技法で、絡み合った糸を順番に解きほぐしていきます。そのことにより、不調の原因が明らかになります。

【構造（フィジカル）】の問題と原因

【構造（フィジカル）】の問題では、次のような原因があります。

待山気塾の「初伝」では、これを「体」の問題と捉えています。「中伝」では「筋肉、筋膜、関節」の問題と考えます。「エナジーワーカーコース」では「重心バランス」の問題です。

それぞれの姿勢で、体が接地する部位には、単独であるいは複数で多様な形・構造をつくり、体重を支えている骨があります。そうした骨を「支持骨」と言い、次のような役割を果たしています。

＊体重を支え、重心バランス軸を形成してバランスシステムを保持する（重心バランス）

＊外界のゆらぎを脳に伝達するシステムの起点となる

それぞれの姿勢では、支持骨は次のようになります。

＊立位（片側複数個）……距骨、踵骨、舟状骨、立方骨、第一～三楔状骨、第一～五中足骨

＊座位（片側1個）……坐骨

＊膝立ち位（片側1個）……大腿骨

＊正座位（片側1個）……頸骨
＊横座り位（片側1個）……大腿骨
＊四つん這い位（手部：片側複数個、膝部：片側1個）……手部（橈骨、舟状骨、月状骨、三角骨、豆状骨、大菱形骨、小菱形骨、有頭骨、有鈎骨、第一～五中手骨）、膝部（大腿骨）
＊仰臥位（後頭骨1個、仙骨1個）……後頭骨、仙骨
＊伏臥位（後頭骨1個、仙骨1個）……後頭骨、仙骨
＊横臥位（単独）……頸椎一番
＊腰屈曲位（単独）……仙骨
＊頸椎屈曲回旋位（単独）……頸椎一番
＊咬合位（歯に問題がある。上アゴ：片側1個、下アゴ：片側1個）……上アゴ（犬歯周辺の歯槽骨）、下アゴ（下顎骨）

これは伊東先生の分析を使わせていただいています。

ただ、これらのポイントは、伊東先生が使われる矯正的な刺激だけのポイントではありません。気を流すポイントであり、「量子場治療」を行うポイントでもあります。

先にも触れたように、伊東先生は「気」という言葉をなぜか避けていますが、矯正の刺激が

脳に伝わると、また気が満ちて「量子場」が整うと、ＡＲが揃います。

【生体化学（ケミカル）】の問題と原因

【生体化学（ケミカル）】の問題では、次のような原因があります。

①有害な重金属が原因の場合
アルミニウム、カドミウム、鉛、水銀、亜鉛、ヒ素、ニッケル、クロム、チタン、ゲルマニウム、マンガン、セレン、ベリリウム、金、銀、銅、スズ、鉄など

②有害な化学物質が原因の場合
ステロイド、塩化水素、硫化水素、抗生物質、シアン化合物、硝酸性化合物（合成洗剤に含まれるラウリル硝酸ナトリウムなど）、他の薬（クロロホルム、ＮＳＡＩＤｓ＝解熱鎮痛剤）など

③ウイルス・菌などが原因の場合
さまざまなウイルス、緑膿菌、歯周菌、カンジダ菌、黄色ブドウ球菌、インフルエンザ菌、水虫菌、真菌（カビ）、バクテリアなど

④環境ホルモンかく乱物質が原因の場合

ビスフェノールA（哺乳瓶、おしゃぶり、保存容器、サランラップなど）、フタル酸（フローリング、カーテン、ケーブル、洗剤、ホースなど）、パーフルオロオクタン酸（テフロン加工、缶など）、ミネラルオイル（鉱物油、流動パラフィンなど）、合成界面活性剤（PG＝プロピレングリコール、～DEA、～TEA、～MEA、～PEG＝ポリエチレングリコール、ラウリル硫酸ナトリウムなど）、メチコン・ジメチコン（シリコン成分）、フェノキシエタノール（防腐剤）、人工甘味料（アスパルテーム、高果糖コーンシロップ＝HFCS、ネオテーム＝アスパルテームを改良した人工甘味料など）、トランス脂肪酸（マーガリン、ショートニングなど）、タバコ、ダイオキシン、PCB（ポリ塩化ビフェニール）、カビ・コケ・ハウスダスト・ホコリ、PM2・5など

⑤余分なコレステロール・タンパク質・脂肪・油などが原因の場合

以上はすべて、デトックスの対象です。待山気塾の「中伝」では、これらを除去するサプリメントなどをとってもらいます。「エナジーワーカーコース」では、石本先生の超療術の気でこれらを除去、無毒化できます。

⑥ビタミンやミネラル、酵素、アミノ酸、脂肪など、人間にとって必須栄養素の不足が原因の

場合
⑦ホメオパシーが原因の場合（以上の①〜⑥以外の場合）

【感情（エモーション）】の問題と原因

【感情（エモーション）】の問題では、次のような原因があります。
①〈過去〉に原因がある場合
②〈現在〉に原因がある場合
③〈未来〉に原因がある場合

よく、「トラウマ」という言葉を聞きます。ダイナミック・レイキコウではトラウマをどう捉えているのかをお話しします。

何か不快な症状があれば、原因は「体・心・魂」のいずれかにある——。ダイナミック・レイキコウでは、こう考えます。

問題は、「心に何かある」ということになった場合です。

過去のいつなのか？　胎児の頃か？　出産の時か？　0歳か、1歳か、2歳か……。

このようにリーディングしていきます。

そこで、今の症状にリンクしている年齢を割り出し、気の上でその年齢の時の状態を再現し、施術します。場合によっては、いくつかの年齢がリンクしていることもあります。これらを施術していくことが、トラウマの解除につながります。

胎児、あるいは0歳とか1～3歳という幼い頃は、まだ自分がありません。周囲の影響をダイレクトに受けます。その周囲の影響でできた自分を自分と考えますが、実は自分をつくったのはお母さん、お父さん、または兄弟、一緒に住んでいた家族、親類などです。

さらに胎児をさかのぼると前世があります。その前世を受けて、今世に生まれてきているのです。

前世の話を患者さんに伝えたほうが良いかどうかは、リーディングによって判断します。伝えないほうが良いと出る場合、いろいろな理由が考えられます。たとえば、まだその時期に来ていないこともあれば、伝えることが逆効果になることもあると考えられます。

症例　前世の話を伝えて好結果が得られた

これは、前世の話を伝えたほうが良い場合の例です。

この方には、幼稚園に通っている子供がいました。

「うちの子は、夜泣きがすごくて困っています。夢遊病者のように夜起きて、『お母さん、ごめんなさい！』と抱きついてくるんです。何か悪いことをしたのかと聞いても、『知ってるはずだ』と言うだけで、さっぱり訳が分かりません。その理由が知りたいのです！」

来院すると、本当に困ったように訴えます。

すぐに、そのお母さんに六締感印法のリーディングを用いてみました。すると、過去世でそのお母さんが子供、子供が母親だったことが解りました。さらに、その子が幼い時、大病にかかって死んでしまったことがあったのです。

「子供を死なせてしまったのは自分だ！」。そう思った彼女は、気が狂ったように自分を責めました。現世で幼稚園に通っている子供は、過去世の子供（現世のお母さん）の子供として生まれ変わり、自分の子供に詫びているのでした。

その話を、私は相談に来たお母さんに伝えてあげました。

あとから聞くと、その時以来、夜泣きも夢遊病のようなこともピタッとなくなったそうです。

人間をレコード盤にたとえると、誕生した時は〈前世の情報〉、〈先祖の情報〉でできあがっています。そのレコード盤が回転すると、人生が始まります。

〈先祖の情報〉は、現代の言葉に直すと遺伝子情報になります。「先天的に組み込まれた情報」と言うこともできます。

〈前世の情報〉とは、「前世で死んだ時の情報」と言うことができます。

私が脳出血で倒れて意識が戻り、回復し出した時、普通に話せませんでした。自分では普通に話しているつもりでしたが、周囲には伝わりません。別にロレツが回らないわけでも、発音が不明瞭なわけでもありません。私が何かを話すと、周囲の人はポカンとして聞いています。

「この時代の言葉ではないな。もっと前の時代なら通じた言葉なのだろう……」

その時こう思ったのですが、同時に、5世紀頃のヨーロッパの言葉と感じました。意識が完全に戻ると、普通の日本語で話せるようになりました。

おそらく、前世で死ぬ時に使っていたその言葉を、〈情報〉として覚えていたのだろうと思います。回復中の私はこの前世に適応したために、前世での言葉を使ってしまったのでしょう。

【気〈インフォメーション〉】の問題と原因

【気〈インフォメーション〉】の問題では、次のような原因があります。

①〈正経〉に原因がある場合
②〈奇経〉に原因がある場合
③〈耳ツボ〉に原因がある場合

【オーラ】の問題と原因

【オーラ】の問題では、次のような原因があります。

①〈ズレ〉に原因がある場合

多かれ少なかれ、人はオーラの〈ズレ〉があります。

たとえば、歩いていたり走ったりしている時に転ぶ、つまずくなどで、オーラは〈ズレ〉てしまいます。こうしたことから、特に足首に〈ズレ〉の生じやすい傾向があります。

②〈乱気流〉に原因がある場合

空間と同じく、気流に乱れがある場合です。フィシオエナジェティックの技法を使っていましたが、今はダイナミック・レイキコウ独自の技術があります。

③〈穴〈動物霊〉〉に原因がある場合

代表的な動物霊として、次のようなものがあります。

＊タヌキ

人に憑く場合、球状のエネルギー体で腰の周りにいます。腰痛を引き起こすケースが多くありますが、他の動物や憑き物を呼び込みやすくなります。その多くがコピーされたもので、一回の浄化で消えます。

＊キツネ

肩に憑いているケースが多くありますが、肩の上、首の近く、肩先、肩の表面など、憑き方は多様です。肩コリや首痛などを引き起こす場合があり、「寝違えた！」という時、たいていこれが憑いています。うまく浄化しないと素早く逃げてしまうことがあり、この移動があるために動物霊と呼ばれます。

タヌキとは臭いが異なりますが、何度も浄化を繰り返していると、動物臭のようなものが臭ってきます。ただ、嗅覚は個人差が大きく、敏感な人、鈍感な人がはっきりします。中には強い霊障を引き起こすものもあり、一回で消えない場合もあります。その場合、一日後、二日後、三日後、四日後と未来をシミュレーションし、浄化します。二週間後でも出てくるような「復活」をする場合もあります。

＊ヘビ

動物霊の中では厄介なものです。頭・首・腕・足に巻きついたり、鼻・血管・器官・食道・肺・脊髄に入り込んだりします。頭の周り、目の前などに憑くと、冷静な判断を狂わせることもあります。

胴体に絡みつくような大蛇もあり、特に大蛇やエネルギーの強いヘビは厄介です。浄霊している人に移動してきたり、復活もあり得るからです。

＊ワニ（サメ）

ここで言うワニは、爬虫類のワニとは違います。実は、サメのことです。『因幡の白兎』に出てくるワニはサメのことですし、地方によっては現代でもサメをワニと言います。

ワニ（サメ）の動物霊は非常に大きく、中には頭の上から足の下まであるものや、人間の胴体よりも厚みのあるものがあります。浄化の手が内部に入り込むと失敗するため、手を大きく広げ、包み込むようにして外から浄化します。復活もあり得ます。

＊その他

これまで体験したその他の動物霊にはウマ（頭に憑く）、カラス、フクロウ、クジャク、タカ、キジ、コウモリ、イヌ、ネコ、ブタ、オオカミといったよく見られる動物霊以外に、ハクビシンやアナグマ、またはトラなど海外の動物霊もあります。龍など、架空の獣で祈りや祀りの対象になった動物も多くいます。

これらの動物霊の中には、コピーではない本物もいます。そうした動物霊はエネルギーが強く、未来をシミュレーションし、一週間後まで一日ずつ、週単位で四週間目くらいまで浄化することが望まれます。

先にも述べましたが、動物霊はコンピュータ・ウイルスと同じようなものです。ウイルスが仕込まれたメールが届いても、開けなければそこにとどまっています。もし、そのメールを開けてしまえば、ウイルスが増えていきます。

その場合の増え方は、「複写」か「移動」になります。複写であれば、コピーされたものが多くの人に広がり、その場所で同じものがどんどんつくられて塊をつくります。移動であれば、移動しながら違う場所で悪さをします。

代表的な動物霊

タヌキ

一回の浄化で消える。
他の動物や憑き物を
呼び込みやすくなる。
腰の周りにつき腰痛を引き起こす。

キツネ

中には強い霊障を引き起こすものがあり、
一回で消えない場合もある。
肩についていることが多い。
肩凝り、首痛などを
引き起こす場合がある。

ヘビ

動物の中ではやっかいなもの。
頭、首、腕、足に巻き付いたり、
鼻、血管、器官、食道、肺、脊髄に
入り込んだりする。

ワニ（鰐）

サメ（鮫）のこと。
背中につく。
特に大きいので浄化する際は
手を大きく広げるように。

【チャクラ】の問題と原因

【チャクラ】の問題では、次のような原因があります。

①〈先祖〉に原因がある場合

先祖霊は、先祖（あるいは「先祖の世界」）と声をかけると出てきます。これは、意識のチャンネルを切り換えるようなものです。チャンネルを切り換えると、NHKだったり、TBSだったりして画面が変わります。

体の右、左、後ろ、頭上の範囲にいます。体の右は母方、左は父方、後ろは直系（父方の直系ですが、女性は結婚すると徐々に変わります）、頭上も直系ですが、程度としてはやや良いほうの直系になります。

②〈前世〉に原因がある場合

前世のキズ、前世の因縁、前世そのものに分かれます。

③〈生き霊〉に原因がある場合

生き霊は、「生き霊」とひと声かけると出現する「念」のことです。体の右、左、後ろ、およびチャクラに潜みます。

これ以外に、〈水子〉もあります。ゴーストのところで述べましたが、水子は特殊な魂です。エネルギー体として丸く憑いていることが多く、横腹にいます。憑いていると、体を歪めてしまいます。

④ここまでは霊障ですが、その他、チャクラの「量子場」を整えることも、重要な解決法になります。

第5章

ダイナミック・レイキコウで用いるさまざまな対処法と症例

ダイナミック・レイキコウには、原因即応のさまざまな対処法がある

ここまで、ダイナミック・レイキコウが考える六種の原因について見てきました。前にも少し触れましたが、ダイナミック・レイキコウ独自の六締感印法は、六種の原因のどれが問題かを確定できます。それも、非常に詳しく確定できます。

たとえば、有害な重金属や有害な化学物質が原因と確定しても、その数は決して少なくありません。六締感印法は、「どういった重金属が原因なのか、どういった化学物質が原因なのか」まで確定できます。心や魂の問題にしても、「いつ、どういったことが起こり、現在にどう影響しているのか」が確定できます。「量子場」に関しても、どのチャクラやオーラに問題の原因があるかが確定できます。

原因を解消するためには、その原因に即応した対処法（療法）が不可欠です。適切な対処法なくして、原因の根本的解消、解決はあり得ません。

六締感印法は、原因確定だけでなく、必要な対処法も確定できます。

六締感印法による原因確定がここまで細かくなれば、対処法（療法）も広がらざるをえませ

ん。患者さんの笑顔のために、当院では、必要な対処法をひと通り揃えています。読まれて、「これほどの対処法が必要なのか！」と驚かれるかもしれません。

では、さまざまな不調の原因に対し、ダイナミック・レイキコウはどんな対処法を持っているのかの説明と、症例の紹介に入りたいと思います。

気法術
……外気功により、患者さんの体内エネルギーを活性化する

まず、気を用いる「気法術」です。気功の本場は中国です。その中国気功も流派は二千とも三千とも言われ、それぞれがさまざまな特徴を持っています。

大別すると、「武道気功」と「医療気功」に分かれます。テレビなどで取り上げられるのは、気で人が倒れたり、殴られても痛くないなどの武道気功です。医療気功にはパフォーマンスは必要なく、地味な存在です。また、自分で行う功法を「内気功」、気功師が他人に気を送るものを「外気功」と言います。

当院が施術で用いるダイナミック・レイキコウは医療気功であり、外気功です。

人体からは気（微量のエネルギー）が放出され、赤外線とか、超低周波とか、電磁的なもの

のが現実です。（磁気や静電気）などいろいろ言われています。しかし、実のところはよく解明されていない

人体を小宇宙にたとえたりしますが、私もそう考えています。宇宙に存在するエネルギーはすべて、微量ではあっても放射できると思います。

また、気功師が気を出している時、脳波にアルファ波がたくさん出ているとも言われています。気を受けている人も、共鳴したかのようにアルファ波が増えるとされています。

この共鳴と、微量ではあっても放射されるエネルギーが気功の効用を生む――。

私は、こう考えています。

音叉は、同じ波長で鳴り出します。人間同士がわずかなエネルギーでも共鳴すると、音叉が鳴り出すように、体内のエネルギーが活性化すると考えています。

施術①　〈脊柱〉に問題がある場合

たとえば、椎骨に問題がある場合、施術では、「○椎○番正常に、付着の多裂筋・回旋筋も正常に」と言います。

患者さんが意識と無意識にかなりギャップがある場合、私の施術を実感できない場合があり

ます。そうした場合、よく使う方法なのですが、この方法で正常に神経を流し、ホメオパシーのレメディを一つ飲んでもらったりします。すると、その人は施術直後に何の変化も感じないのですが、数時間後、あるいは翌日には変化を感じることになります。

施術② 〈CSF（脳脊髄液）〉に問題がある場合

〈CSF（脳脊髄液）〉に問題がある場合、気で大脳基底核をコントロールします。大脳基底核にはいくつかの核（神経の集合）があり、大脳基底核のどこに気を送るかで、次のような効果が得られます。

・被殻……自律神経コントロール、ストレスの除去など
・淡蒼球……腫瘍の消失、胆石の粉砕、腱の軟化など
・扁桃核……心理・気持ちのコントロールなど
・黒質……筋肉の異常のコントロールなど
・視床下核……各種ホルモンのコントロール、血管軟化、血圧正常化など
・尾状核……記憶のコントロールなど

症例① 自閉症

健診で、自閉症の疑いありと言われた子供さんがいました。発達が遅く、言葉が話せませんでした。お母さんの依頼で、遠隔気功を三週間試みました。すると、その子は文字を書くことに興味を示すようになりました。以前は書くことを嫌がっていたのですが、今は書いたあと喜ぶようになったのです。

さらに、「質問→回答」が、何往復もできるようになりました。友達と遊ぶのが楽しくもなったようです。散漫だった注意力も改善されたようです。施術をして、本当に良かったと心から思いました。

症例② 認知症

この症例は、私が患者です。前にお話しましたが、私は脳出血で倒れた経験があります。その後、ウツ病と認知症に悩まされました。特に、記憶のある部分が欠ける認知症は仕事の妨げになりました。

ある時突如、フッと訳が分からなくなります（記憶障害）。「自分が今何をしようとしていたのか？　今ここにいるのは誰なんだ？」など。そして、何かの拍子にパッと振り向くと、「ここはどこ？　私は誰？」となってしまうこともありました（見当識障害）。

また、もともと目が悪くメガネをかけていましたが、さらに進んで、夜はまったく見えなくなってしまう状況にも陥りました。「鳥目というのはこういうことなのか」と妙に納得したりしたものです。

認知症と視力にはどんな関係があるのでしょうか？

目が見えづらくなると、字の読み書きがしづらくなります。当たり前だった日常生活での行動に支障をきたすようになり、自由に活動できなくなります。その状態が脳の活動をさらに低下させ、認知症をさらに進めるのではないかと考えられています。

言葉の問題も大きい悩みでした。仕事柄、患者さんはいろいろな質問をしてきます。それに受け答えするたびに頭が混乱し、ロレツが回らなくなるのです（判断力の低下）。

これらを克服して現在に至るのですが、同じ状況の方が大勢いることを知りました。

現在、認知症は社会問題にもなっています。そこで、これからは絶対に必要な技術だと考え、ダイナミック・レイキコウによる独自の施術法を開発しました。

まず、気を用いて、脳を包む頭蓋骨の矯正を行います。これは頭痛やめまいなどに有用な施術ですが、気で動かすためにまったく痛みはありません。

次に、気を用いて脳内伝達物質を調整します。脳内伝達物質にはドーパミン、アセチルコリン、セロトニン、GABAなどがあります。これらも気を使ってできるだけ正常に調整しますが、頭の中が非常にスッキリしてきます。

次に、重力バランスの回復と脳や心臓の血管障害を正常化し、さらに眼筋を正常化します。眼筋はその字の通り、眼を動かす筋肉です。これが一度倒れると、電気がショートしたようになってしまうようです。これを正常化すると、物が二重に見える方は改善されます。また、眼と脳は深い関連があり、眼筋が正常化されると意識へ影響も与えるようです。

最後に、気を用いて脳細胞から異常なタンパク質（アミロイドタンパク）を除去し、脳細胞自体を活性化します。脳にたまったアミロイドタンパクは、認知症の原因物質です。脳細胞を活性化させることは、認知症の改善につながります。

以上が認知症の施術ですが、改善には個人差があります。通常、10回以上の通院をお勧めしています。

認知症の施術では、ホメオパシーやフラワーエッセンスを併用するケースもあります。場合によっては、デトックスのためのサプリメントをとってもらうこともあります。

脳には、脳に不要な物質（重金属や化学物質）を通さない脳血液関門があります。いわば「脳の関所」のようなものですが、重金属や化学物質がそれを通過してしまっている場合は、脳のデトックスが必要になるのです。

もちろん気でも重金属や有害物質は取れますが、よりベターである場合、サプリメントをとってもらいます。

施術③ 〈神経・血管〉に問題がある場合

異常が出ているところは、末梢神経や毛細血管の切れているところが多くあります。そこに気を送り込み、神経や血管をつなぎます。

施術④ 〈ケイラク〉に問題がある場合

ケイラクと関連する病気はたくさんあります。

ケイラクに問題がある場合、施術では気を流します。

複雑なもの、心理的なものを扱う時は〈正経〉を使います。年齢的に幼かったり、程度がまだそこまで至っていないような場合は〈奇経〉を使います。

こうした場合、正経、奇経にリセットテープを貼ります。このテープを貼ると、ツボを刺激しているのと同じ状態が維持できます。

耳のツボは、本質的に単純な肉体的な痛みの解消に使用します。ツボの使い方としては、ツボに耳ツボダイエットの粒を貼ります。

①正経十二経

＊肺経……風邪、気管支炎、ゼンソク、肺炎、咳、肺気腫、胸苦しい、動悸、痔、皮膚病、肩関節前部の痛み、アレルギー性鼻炎など

＊心包経……心臓の病気、血液循環の不全、頻脈、胸中苦悶、てんかん、神経症、手のひらのほてりなど

＊心経……心悸亢進、動悸、不整脈、貧血、精神の緊張、神経症、寝汗、嘔吐、みぞおちの痛み、手のひらのほてりなど

＊小腸経……下腹部のさしこむ痛み、腹部の張る痛み、こしけ、不妊症、耳の病気、のどの痛み、肩関節の痛み、五十肩、視力の減退、近視、腰痛、坐骨神経痛、大小便の異常など

＊三焦経……排尿困難、残尿、慢性的な下痢、腹痛、婦人科の病気、腰痛、聴力の低下、耳鳴り、目の病気、頭痛、肩コリ、むち打ち症、のどの腫れと痛み、ホルモン系の病気など

＊大腸経……大腸炎、便秘、下痢、腹痛、腰痛、痔、首の腫れ、鼻づまり、皮膚病など

＊肝経……肝臓の病気、肋間神経痛、めまい、嘔吐、神経症、腰痛、伏臥不能（ウツ伏せになれない）、生理不順、目の病気、胃酸過多症など

＊脾経……脾臓の肥大、すい臓炎、糖尿病、腹痛、腹部の張り、胃潰瘍、十二指腸潰瘍、胃下腫、腎臓下腫、子宮脱、肝炎、神経症嘔吐消化不良、月経過多、瘀血症、四肢の無力、膝関節痛、食欲不振、ゲップ、黄疸など

＊腎経……腎炎、残尿、生殖器の病気、精力減退、インポテンツ、月経困難、子宮脱、発育不良、耳鳴り、口の苦味、胸騒ぎ、ゼンソク、咳、咽頭炎、足底の熱と痛み、腰痛など

＊胃経……胃炎、胃痛、胃下垂、消化不良、胃ケイレン、胃潰瘍、十二指腸潰瘍、腹部の張り、嘔吐、ゼンソク、高血圧、息が臭い、鼻血、咽喉の痛み、胸部の痛み、心臓の病気、目の病気、顔や歯・口の症状など

＊胆経……胆のう炎、胆道の障害、胆石症、肝炎、腰痛、股関節の異常、肩コリ、首のコリ、むち打ち症、めまい、耳の病気、目の病気、偏頭痛、側胸・側腹痛、足のしびれ・マヒ、膝関節痛、運動機能障害、口の苦味、多いあくびなど

＊膀胱経……膀胱炎、頻尿、血尿、残尿、腎炎、生理不順、伏臥不能、腰痛、坐骨神経痛、

五十肩、背中・首の痛み、頭・目の痛み、精神不安など

②督脈、任脈など

＊督脈（小腸、膀胱）……頭痛、のぼせ、頸のコリ、肩や背中のコリ、五十肩、腰痛、大腿後側部の痛み、言語障害、目の病気、鼻の病気、耳の病気、のどの病気、歯痛、手足の冷感など

＊任脈（肺、腎）……気管支炎、ぜんそく、咳、胃痛、吐き気、嘔吐、腹部の張り、下腹の痛み、便秘、下痢、膀胱の病気、婦人科の病気、神経症状、痔、目・耳・鼻・のどの病気、歯・手足の冷感など

③奇経八脈

＊後谿・申脈……自律神経系の調整、患部の腰痛など

＊外関・臨泣……四肢の問題、外傷など

＊内関・公孫……胃の病気、胆のうや肝臓の病気など

＊列欠・照海……下腹部、婦人科、膀胱の問題など

どのケイラクに気を流すかは六締感印法、またはデジタルリーディングで確認します。

ペインセラピー
……脊柱を中心に歪みを整え、症状を取り除く

ペインセラピーでは、フィジカルの技法が中心になります。脊柱を中心に歪みを整え、患者さんが抱えるつらい症状を取り除いていきます。

強くもまれた次の日に、もみ返しが起こった経験はないでしょうか？　私の施術は患者さんの体にさわりません。もみ返しによる症状は起こりようがありません。

また、施術は、患者さん一人ひとりの症状、状態に合わせて行います。同じ五十肩で悩んでいる患者さんでも、その場で腕が上がるようになって施術終了になる場合や、負担がかからないように数回に分けて通っていただく場合があります。

患者さんに最適な施術を考え、実行する――。これが私の考える施術なのです。

症例①　C型肝炎

当院には、C型肝炎の患者さんも来院します。

インターフェロンの副作用に苦しんだ患者さんは、断食道場に通っていました。「少しは良

いようです」と、真っ黒な顔色をして来院しました。

ダイナミック・レイキコウの気はC型肝炎に良いようです。ダイナミック・レイキコウを行うと、この方は顔色も良くなり、元気よく仕事を頑張れるようになりました。

ダイナミック・レイキコウの施術はC型感染ウイルスを完璧になくすと言い切る自信はありませんが、肝臓の数値を正常にすることはできます。この方も数値が高かったのですが、「施療で、数値が正常になりました」と喜んで報告してくれました。

症例② 目の奥にズーンとくる痛み

「目の奥にズーンとくる痛みがあります」。患者さんはこう訴えました。

六締感印法によって原因は「胆のう」と出ました。お腹を押しても、肋骨周辺に圧痛があります。小さな胆石ができ、胆管が流れづらくなっているようです。

そこで、胆のうから胆管までをきれいにする気をかけ、ケイラクを調整する施術を行いました。その結果、目の奥の痛みも、肋骨周辺の痛みもなくなりました。

目にはいろいろな症状が現れますが、その痛みはどこかが悪いことのサインとして表現されていることがあります。「ただの目の痛み」と片付けてしまわないことが大切です。

デトックス
……ペインセラピーの手技だけで症状が取れない場合、有害物質を排出する

ペインセラピーの手技だけではなかなか症状が取れない場合、デトックス（解毒）が必要かもしれません。

デトックスとは、知らず知らずのうちに体内にたまった重金属や化学物質などを取り除くことです。六締感印法により、体内にどんな重金属や化学物質がたまっているかを確定します。その後、サプリメントを用い、判定された重金属や化学物質などの毒素をデトックスします。

現代社会では呼吸から、皮膚から、食事から、さまざまな環境下で毒素を体内に取り入れてしまいます。その毒素により、体が不調になるケースも少なくありません。

めまいや首痛は、頭蓋骨や頸椎の矯正で良くなることが多くあります。しかし、矯正を何回か繰り返しても、また矯正しなければならないような人もいます。

そんな時、首、肩、後頭骨周辺、あるいは耳などに、有害な重金属や化学物質などがたまっていることもあります。首、肩、頭などにいっさい触れずに、めまいや、これまでつらかった首痛、肩コリなどがスッキリします。

特に体に不調が感じられなくても、半年に一回はデトックスが必要です。自分の体調は自分でしか管理できません。常に良い体調を保てるようにデトックスは必要です。

症例① 有害な化学物質のため顔が腫れぼったく、頭に何かついていそう

この患者さんは、工場に勤めていました。

「顔が腫れぼったい、頭に何かついていそう」と、しきりに私に訴えます。六締感印法で調べると、働く環境に有害な化学物質があると出ました。施術でそれを取り除くと、スッキリしたようでした。「頭に何かついていそう」という訴えでしたが、霊障ではありませんでした。

症例② 有害物質が原因で、たびたび起こる頭痛

この患者さんは、たびたび起こる頭痛に悩まされていました。頭痛で来院される患者さんも少なくありません。

施術は、基本的に気を用いて頭蓋骨の歪みを矯正します。さらに、ドーパミン、アセチルコリン、GABA、セロトニンといった脳内伝達物質をできるだけ正常にします。視床や視床下部、松果体の異常感も取ります。

そのうえで、霊障があれば浄化し、頭痛がする時を思ってもらい、そこになんらかのトラウマが潜んでいないかをチェックし、トラウマがあれば解除します。

この患者さんの場合、気功治療を受けるとその場はラクになるのですが、また頭痛が起こってしまいます。六締感印法の結果、霊障もトラウマもありませんでしたが、有害物質が原因と出ました。そこで有害物質のデトックスの必要性を説明し、施術しました。

「天気が悪くなる時など、ズーンと頭が重くなって、それから頭痛が始まるんですけど、それがなくなりました」

約一か月後、患者さんはこう報告してくれました。

症例③　余分なコレステロールをスッキリ除去

病院で、コレステロール値が高いと言われた50代の女性が来院しました。

「私、コレステロール値を下げたいんです」

彼女はかなりふくよかなほうで、お腹は四段腹でした。

六締感印法で調べてみると、肝臓や腎臓の他に、肺や下腿部、それに脳からもコレステロールが出ました。人体にとって、これらは不要なコレステロールです。

さっそく施術に入り、フィジカルコースのデトックス、気でそれらを除去しました。1回60分施術しただけで、ウエストのラインにくびれができました。

「えっ、こんなことってあるんですか!?」

彼女は喜ぶと同時に、驚いていました。こんなケースはよくあることです。

症例④ ＰＭ２・５による花粉症の症状

花粉症は有害な重金属、化学物質、ウイルス、カビ、ハウスダストを取り去り、免疫力を正常にすることでかなり改善します（実際の重金属や化学物質を取り去るのではなく、気のレベルの話です）。

この方は花粉症で来院し、六締感印法で調べてみると化学物質と出ます。従来の化学物質を候補に判定を進めましたが、どれも確定できませんでした。困りましたが、ハッと思い当たりました。そうだ、ＰＭ２・５――。

しばらく前から、ＰＭ２・５による大気汚染が問題になり始めていたのです。そこでＰＭ２・５を排出すると（気のレベルの話）、見事に目の痒みが取れました。

もう一人の方も紹介します。

「鼻といわず、目にも喉にも花粉症の症状が出て、とても仕事になりません」

こう言って飛び込んできた女性がいました。六締感印法で判定すると、花粉が量子場を乱しているのが原因と確定できました。

「ノドの奥までスッキリして痛みが取れ、目も痒みがとまって生き返ったよう」

施術で花粉を排出（気のレベルの話）すると、40分後には、こういって喜んで帰っていかれました。

症例⑤　脊柱管狭窄症の患者さん

一年ぶりくらいの患者さんです。彼女は60代でした。

彼女の友人で同じ脊柱管狭窄症の人は医者の勧めもあって手術を受けました。

この患者さんは手術を拒み、私の施術を受けました。彼女はなかなか治りづらく、一年くらい通ってもらいました。来た時は杖をついて、やっと歩いているような状態でした。

今ではそれが治って、みんなとハイキングに行くそうです。もちろん杖もついていません。

手術をした友人は杖をついても芳しくなく、今でも寝たり起きたりの生活だそうです。

人間、いざという時に決断できるかどうかで、その後の人生が変わるのを実感しました。

また、私は忘れていましたが、施術をしていた頃、彼女はＯＨカードをしたそうで、それは羊が柵からどんどん出ていく絵で、「私は病から解放されたんだ」と心から思えたそうです。

ちなみに、ＯＨカードとは近未来を見る一つの方法で、トランプのようなカードです。選んだ「絵」のカードと「文字」のカードで、その人の今の問題の近未来を予想します。

木のローラー気功
……木の波動を転写し、活力とリラックス感をもたらす

気功の練習に、「樹林気功」というものがあります。

立ち木に気を送ったり、樹木の気を吸い込んだり、あるいは幹から根に気を廻し、自分の足からまた吸い込んで手から木に廻す。あるいは、その逆回転をさせるなどします。

木の種類により、受ける気の感じ（気感）が異なります。私の気に合い、しかも癒し効果の高い木を求め、さまざまな木のローラーを試してみました。

木のローラーで体をローリングすることで、木の波長が転写されます。こうして、オリジナルの木のローラー三本が誕生しました。

①神代ケヤキローラー

木が土中に埋もれると、本来なら腐って消滅してしまいます。しかし、1000年以上経っても奇跡的に残り、発掘されたものがあります。木材を扱う人はそうした木を神代木と呼び、貴重なものとしています。

神代ケヤキローラーは2400年前のケヤキで、飛騨高山の工房でつくってもらいました。私が持つだけで私の気が流れ、ローリングすることで、木の波長と私の気が相手に注入されていきます。体に活力が湧いてくるローラーです。

②神代ナラの木ローラー

3000年前のナラの木を使いました。これも私の気と一体になり、頭を専用にローリングします。ストレスや気の滅入った時など、不思議なリラックス感を覚えます。体験された方は、「初めて味わう不思議な気持ち良さ」と言われます。

③エンジュ（槐）のローラー

エンジュ（槐）は、古来より「魔よけの木」と言われています。納得できるところもあり、ローリングすることでこの波動を転写します。

一般的に、このローリングは、サッパリとした爽快感、スッキリとした解放感が得られます。

人形鍼

……人形と鍼を用いてケイラクを整え、オーラを修正し、筋肉のコリを取る

ケイラク人形に患者さんの体を転写し、人形に鍼を刺していきます。そうすることでケイラクを整えたり、オーラを修正したり、筋肉のコリを取ったり、筋膜をリリースするなどします。

人形鍼は、ある気功師の方の話からのヒントで解ったものです。

「話したいことがあるから、きてくれないか」。そう言われ、その方のところに伺いました。

「人形に鍼を打つと良くすることができるから教えてあげる。これは中国で教えてもらった方法で、世界では十数人しかできない方法だ」

その人のところにいくと、こう言われたのです。その瞬間、私にはすべてが解ってしまいました。その方は、ビルの4階から落ちた経験をしていました。自殺を企てたのではなく、ある妄想にとらわれてフラフラと落ちてしまったのですが、幸いにも命は取り留めていました。

それが瞬間的に解ると同時に、私には何をするかがすべて解ってしまいました。その方から情報がダウンロードされたように……。すべてが解ってしまったので、「申訳ありませんが、結構です」と帰ってきました。現在の人形鍼は、その〝解ってしまった方法〟を実践しています。

ケイラク人形の利用法

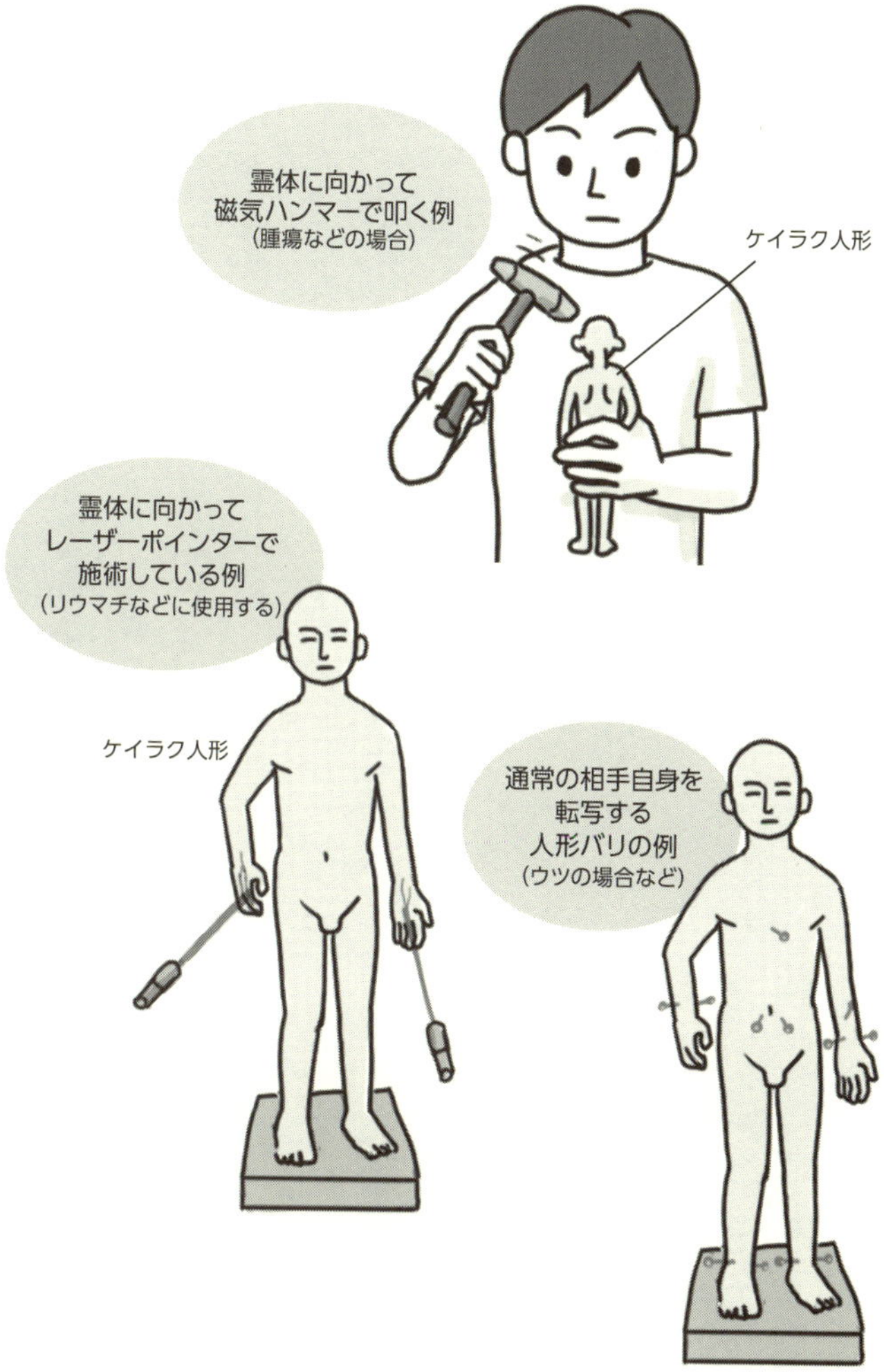
霊体に向かって
磁気ハンマーで叩く例
（腫瘍などの場合）
ケイラク人形
霊体に向かって
レーザーポインターで
施術している例
（リウマチなどに使用する）
ケイラク人形
通常の相手自身を
転写する
人形バリの例
（ウツの場合など）

症例　階段から落ち、ひどい腰痛に

　ある方を訪ねた時のことです。その女性は階段から転げ落ちて腰を打ち、非常に痛がっていました。そこで六締感印法でリーディングすると、ケイラク治療が効きそうと出ました。そこで、私は人形鍼による治療を選択しました。

「何か人の形をしたものがありませんか？」と訊ねると、クマの縫いぐるみしかありませんでした。顔形はクマですが、形態的には人と似たような形です。その縫いぐるみに彼女を転写し、マチ針で鍼の施術をしました。

「どうですか？」と訊ねると、彼女は恐る恐る腰を動かして、「あれ？　痛くない！」と言いました。そこで私は、次のように話しました。

「今日いっぱい、このクマさんがあなたの身代わりになってくれます。落ち着いたら、療法院に来てください」

　その方は来院し、四〜五回で症状がきれいに取れました。人形鍼は、人の形をしたもの（人の形に似たもの）なら、何でも施術に利用できる便利なものです。

リセットテープ
……貼る刺激によって歪みを調整し、重心を整える

ケイラクの調整に耳ツボを使ったり、リセットテープを使うことがあります。

リセットテープとは、ある特殊な鉱石を粘着面に練り込み、さらに独自の「アジャストウェーブ加工」を施した世界初の「体液循環正常化テープ」です。

このテープは16年に及ぶ8万回以上の臨床と、カイロプラクティック、各種整体療法など20以上の治療技術研究から開発されています。いっさい妥協せずに効果を追及したため、研究開発から納得できるものが完成するまで、8年もの歳月を要したそうです。

リセットテープを特定のポイントに貼ることで、貼る刺激によって歪みが調整され、重心が整い、体液循環が良くなります。その結果、全身のコリ、痛み、冷えといったあらゆる症状が改善していきます。

リセットテープを貼る場所は、患者さん一人ひとりで異なります。貼る場所は六締感印法か、デジタルリーディングで判定します。どれを使うかもまた、六締感印法かデジタルリーディングを用い、患者さんに最も有効なものを使います。

【オーラ】の浄化気功

……【オーラ】の三つの原因を解消し、不調を癒す

問題が【オーラ】にある場合、〈ズレ〉〈乱気流〉〈穴（動物霊）〉の三つの原因があります。最近は、ここに霊体の「量子場治療」が加わりました。

オーラは本来、光り輝いているものです。その光を失わせるものが霊の存在です。オーラに問題がある場合、ダイナミック・レイキコウではオーラに気を送り、邪気を消滅させます。人間をパソコンにたとえると、コンピュータ・ウイルスの消去やバグの修正のようなものです。浄霊することで、本来の輝きを取り戻します。

ケイラクに問題がある場合は、ケイラク人形に患者さんの体を転写し、人形に鍼を刺していきます。そうすることでケイラクを整えたり、オーラを修正したり、筋肉のコリを取ったり、筋膜をリリースするなどします。その他、ケイラクの調整に耳ツボを使ったり、リセットテープを使うことがあります。

どれを使うかは、六締感印法かデジタルリーディングによって患者さんに最も有効なものを決めていきます。

症例①　オーラの〈ズレ〉によるめまい・頭痛

めまいも、女性に多い症状です。めまいでは、今も鮮烈に記憶している症例があります。「頭の中にもう一つの頭があって、それがグラグラ揺れてるの。不眠になって、頭痛もひどい」その方は悩みをこう訴えますが、普通なら、頭がおかしいと思うような悩みです。実は、この方は十数メートルの崖から、車で転落していました。

オーラ一層目のエーテル体は、地球が大気で覆われているように、人を中心に均等に広がっているものです。しかし、何らかの原因でズレが生じてしまうと、そこに不調が出てしまうものなのです。

この方の場合、車の落下で、オーラが実際の頭とズレたことが原因でした。体があまりにも急激に落下したため、頭の部分のオーラがズレてしまったのです。その結果がめまいや頭痛として出たのですが、施術するとピタリと出なくなりました。

症例②　オーラの〈乱気流〉による逆流性食道炎

ノドのあたりにオーラの乱気流があると、逆流性食道炎になりやすくなります。

「逆流性食道炎と診断されたのですが、薬をもらっても良くなりません。何か良い方法はないでしょうか」

このような悩みを訴える患者さんが来院されました。六綿感印法で調べてみると、オーラの乱気流がありました。これが逆流性食道炎の原因で、薬では治せないでしょう。施術でオーラを整えて乱気流を解消すると、逆流性食道炎はピタリとなくなってしまいました。

症例③ オーラの〈穴〉の動物霊による肩コリ

ひどい肩コリで来院された方がいました。病院や整体、それにカイロプラクティックにも通ったそうですが、原因が分からなかったそうです。

六締感印法で調べてみると、肩にオーラの〈穴〉があり、そこに動物霊がいました。肩に動物霊がいるために肩がこわばり、ひどい肩コリとなっていたのです。施術で動物霊を除去すると、肩コリがウソのように消えました。

「何でこうなるんですか？　解りません」と、その方はさかんに不思議がっていましたが、〈穴〉にいる動物霊が消滅することで、その場所のエネルギーが消失し、肩コリの原因が消えたのです。私にとっては、別に不思議でも何でもないことなのです。

フラワーエッセンス
……【感情（エモーション）】が原因の場合、心理的なものを消す

原因に、【感情（エモーション）】と【生体化学（ケミカル）】がある場合があります。【感情（エモーション）】でも、心理的なものの場合にフラワーエッセンスを使います。

当院では、フラワーエッセンスは、どうしても使用せざるを得ない場合にのみ使用します。フラワーエッセンスにもいろいろな種類があり、当院では次のような時に用います。

①パッチフラワーエッセンス……心理的なものが体の症状に現れたような時
②マウントフジ……心理的というより魂のレベル、人生の転換期のような時
③ブッダフィールド……考え方の癖のようなものが表現されている時

フラワーエッセンスを使う場合、そのエッセンスのセオリー通りに使います。コップ半分くらいの水に二滴入れ、それを飲んでもらいます。飲む時間・期間は、それほど厳密でなくてもOKのものが多いようです。

症例① 不妊の悩み

この方は、子供ができない悩みで来院しました。不妊の悩みには、整体的に「正体」であることが一番です。健全な肉体で、血流も良い人に妊娠のチャンスが多いようです。

ただ、霊的になかなか妊娠できない方もいます。

ある場所に霊が憑いている……。不妊症の相談で来院する方に多い点が、ここです。妊娠できない相談で来院する方は、六締感印法を用い、まず霊が憑いていないかを見ます。霊があれば浄化してから施術を始めるようにしていますが、この方の場合、霊はありませんでした。

施術する中で、心理的な要因が頻繁に出てきます。心理的要因には、パッチフラワーエッセンスを使用するのが普通です。しかし、この方の場合、痛みを取るパッチフラワーエッセンスではなく、人生の転換期に使用するマウントフジがピッタリ合うと出ました。

四週間、マウントフジによるフラワーエッセンスを続けました。

その時、「本当に子供が欲しいという気持ちになりました」という気持ちを打ち明けられたものです。その後は心理的な要因が出てくることはなくなりました。もうすぐ、きっと結果が出てくると思っています。

症例② ウツ

この方は、「具合が悪い」と来院しています。六締感印法を行うと、今の自分が置かれている状況と、自分の理想とのギャップからウツになっている可能性があると分かりました。

この方の場合、施術というよりも、その方自身が変わらないといけません。その手助けのため、フラワーエッセンスのリビングライトを使用しました。

当院の施術は、心療内科などのいわゆるカウンセリングとは違います。そのため、私に悩みを打ち明ける必要はありません。フラワーエッセンスの効果により、自分自身で気づくことができます。自然に、自発的に変わっていくのです。

レメディ
……自然治癒力を揺り動かし、健康になろうとする力を引き出す

原因に【生体化学（ケミカル）】が出た時は、必須栄養素やデトックスでない場合、ホメオパシーのレメディを用います。

ホメオパシーの「ホメオ」は「似たもの」、「パシー」は「病気」という意味で、「同種療法」

とか「類似療法」と訳されます。

「似たものが似たものを癒す」という原理により、心身に入り込んだ病的エネルギーを押し出し、「病気を終わらせる」療法――。その内容をごく簡単に言えば、こう説明されます。生命（いのち）のレベルを高め、私たちをより幸せに導いてくれる癒しの業（わざ）です。

私は、ロータスホメオパシースクールでプロフェッショナルコースを学びました。

日本では、ホメオパシーという言葉は聞き慣れません。しかし、英国王室をはじめ、ヨーロッパ各国の多くの王室の主治医はホメオパシー医です。ドイツやフランスでは医師の四割近くがホメオパシーを用いていますし、医学のカリキュラムにもホメオパシーが入っています。

アメリカでも、ホメオパシーは注目されています。この15年間で、ホメオパシーのレメディの売上げが約30倍にもなっているのです。

レメディとは、植物や鉱物などを高度に希釈した（薄めた）液体を、小さな砂糖の球にしみこませたものです。使い方は、レメディを舌下に入れて溶けるのを待ちます。レメディは原物質がないほど薄められているため、どなたでも安心して使用できます。

レメディがバイタルフォース（自然治癒力）を揺り動かし、おのずから健康になろうとする力を引き出す――。ホメオパシーでは、こう考えられています。

レメディがその人の抱える不自然なパターンと適合している場合には共鳴し、自然治癒力が揺り動かされ、体が良い方向へと向かいます。適合していない場合、共鳴したり、自然治癒力が揺り動かされる作用はありません。

レメディは数千にも及びますが、当院では、通常使用するものだけです。フラワーエッセンス同様、当院では、どうしても使用せざるを得ない場合にのみ使用します。

レメディには、次のように希釈度（ポーテンシー）による違いがあります。

その選択は複雑で難しいものですが、希釈度が上がるほど（薄まるほど）、レメディは本質に近づくとされています。物質の性質を離れ、物質が持っている本来のもの（言わば、魂のようなもの）に近づくと考えられているわけです。

＊４Ｄ、６Ｄ……ケガの後遺症に用います
＊12Ｘ……筋肉、腱の強化として用います
＊30Ｃ……一般的な頭痛、腹痛などの症状に用います
＊２００Ｃ……より深い精神的なもの、慢性的な症状に用います
＊１Ｍ……さらに深い根を持つ症状に用います
＊10Ｍ……さらに深い症状に用います

＊50M……それよりさらに深い症状に用います

これまでの経験から、一回一粒飲む方法が最高に効果を上げます。同時に複数のレメディを飲む場合、希釈度が同じものは避けます。ただし、これはダイナミック・レイキコウの場合で、他に異なる解釈もあります。

症例　昔の記憶が思い出されて苦しい

「昔の記憶が思い出されて苦しいんです」。来院した患者さんがこう言います。

私のダイナミック・レイキコウは、気のレベルで過去に戻して施術が行えます。患者さんにその過去の記憶を思い出してもらい、六締感印法で原因を調べました。記憶は思い出してもらうだけで、その記憶について語ってもらうことはありません。

六締感印法で調べると、いくつかの記憶がありました。ただ特徴的なことはすべて過去ではなく、現在のことに対する反応だったことです。

「現在の苦しみにつながっている……」と推測することができました。

施術はホメオパシーのレメディで、ラナンキュラス・プルボーサス／キンポウゲ200C1錠が一回でした。飲んだ彼女の目に、涙がひと筋浮かびました。

もう一度その記憶を思い返してもらい、ARが消えたことを確認しました。

「さっき思い出した時と、今思い返したことは内容は同じでも、違った印象でしょう」。こう訊ねると、彼女は答えたものです。「はい、不思議ですね」。

このやり取りで、施術は終了しました。

アロマセラピー
……心と体のバランスを整え、症状を解消する

原因に【構造】が出た場合、アロマオイルを用います。

肩コリ、頭痛、眼精疲労、不眠症……。これらのつらい症状で悩んでいる方は少なくありません。いろいろな方法を試してみたものの、その症状が改善されない場合もよくあります。

これらの症状は精神の緊張からくるもの、姿勢の悪さからくるもの、体の使い方からくるものなど、その原因はさまざまです。アロマセラピーは心と体のバランスを整え、体を正常に戻し、それらの症状を解消します。

当院では、アロマセラピーにdoTERRA（ドテラ）のエッセンシャルオイルを使用します。

通常、エッセンシャルオイルの多くでは、100％純粋なものはほとんど使用されていませ

ん。芳香性の合成化学物質だったり、高価なエッセンシャルオイルを薄めたりしているのが実情です。

ドテラのエッセンシャルオイルは、100%純粋なものです。しかも天然で、合成化合物や有害物質がいっさい含まれていません。そのため、当院では直接飲んでいただいたり、鼻から吸引したりと、より効果の高い施術を行います。

ドテラでは、シングルエッセンスかブレンドエッセンスかをデジタルリーディングします。一本のオイルが出たら、飲むか・吸うか・塗るかをデジタルリーディングします。

飲む場合は、1滴を水1リットルに溶かします。吸う場合は、左右どちらかの鼻からです。

塗る場合は、次のようにします。

＊頭部・頸部……目より上の額（生え際）・頸部・前面・後面、目の横、目の下

＊体幹・手部……肘より上の内側と外側、肘の内側と外側、肘より下の内側と外側、手の甲、手首の内側と外側、体幹の表側（ヘソより上、下、右、左）と裏側（仙骨、尾骨、胸椎○番の右・左・真ん中、腰椎○番の右・左・真ん中）

＊足部……膝より上の内側・外側、膝より下の内側・外側・膝の表裏、足の甲、足首、足の下

これらは、待山気塾の「中伝」で教えます。ホメオパシーにしろ、アロマオイルにしろ、と

アロマオイルを塗る場所

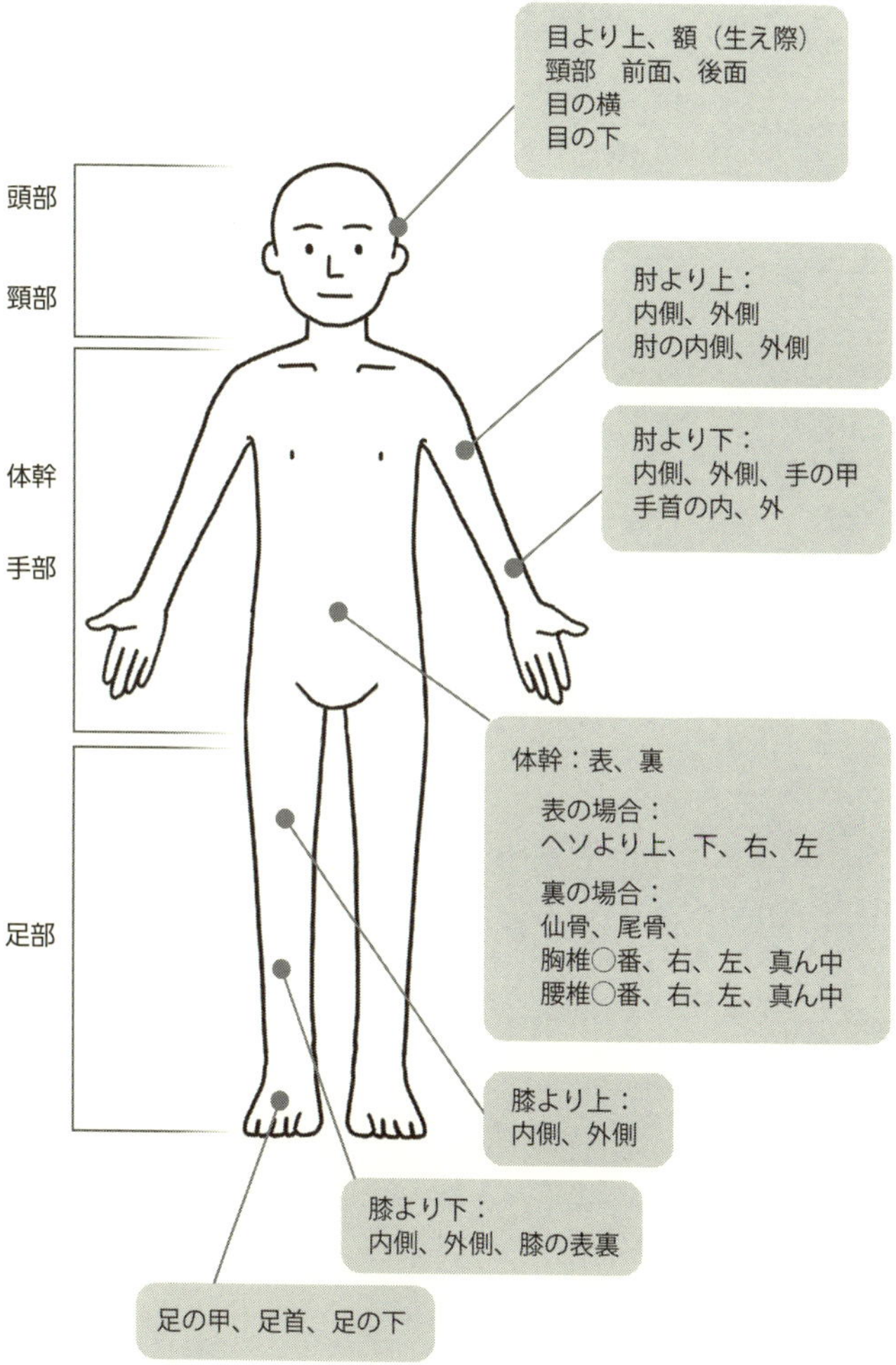
目より上、額（生え際）
頸部　前面、後面
目の横
目の下
頭部
頸部
体幹
手部
足部
肘より上：
内側、外側
肘の内側、外側
肘より下：
内側、外側、手の甲
手首の内、外
体幹：表、裏
表の場合：
ヘソより上、下、右、左
裏の場合：
仙骨、尾骨、
胸椎○番、右、左、真ん中
腰椎○番、右、左、真ん中
膝より上：
内側、外側
膝より下：
内側、外側、膝の表裏
足の甲、足首、足の下

ったほうが良いもので患部の邪気がどう変化するかを観察します。
その変化の観察は、気がどういうものであるかを理解するうえで、非常に役立ちます。とる前にシミュレーションもしてみると、さらに勉強になります。

トラウマセラピー
……「心」に抱える悩み、不安、ストレスを原因から消す

肩コリ、腰痛、頭痛、不眠症、じんましん、下痢・便秘……。こうした痛みや症状には、原因の分からないものも少なくありません。病院などで検査しても異常は発見されない。治療してもなかなか良くならない。良くなったかと思うと、またぶり返す……。

そうした場合、あなたの「心」に抱える悩みや不安、ストレスが原因かもしれません。

＊仕事……上司や部下との関係、仕事で失敗してしまった、失敗しないかと常に不安を抱えているなど

＊恋愛……恋愛のトラウマ、不倫、結婚への不安、彼・彼女の浮気、恋愛が長続きしないなど

＊家族……親との関係、子供との関係、子供の将来への不安、夫婦の将来への不安、夫・妻との関係、家族の病気など

原因が分からないからと、つらい症状を病院や薬で抑えている方はたくさんいます。症状を抑えても、原因がはっきりしなければ治ったことにはなりません。いずれ同じように、症状は引き起こされてしまいます。

「心」に抱える悩みや不安、ストレスは目に見えません。そのため、「心」にそうしたものを抱えていることを自覚していない方もたくさんいます。しかし、忙しい日々の生活の中で「心」は疲れています。体のさまざまな痛み・症状や不調は、そのサインとして現れているのです。

そうした痛み・症状を取り除く施術が、トラウマセラピーです。

この施術は、ダイナミック・レイキコウを用い、「心」に抱える悩みや不安、トラウマが残した「心のキズ」、ストレスなどによって引き起こされた痛み・症状を取り除きます。さらに、原因をはっきりさせ、痛みや症状を根本から取り除きます。

このトラウマセラピーは、ウツ病にも効果が期待できます。

症例　虐待のトラウマからの頭痛

ある女性が、ひどい頭痛で来院されました。六締感印法で調べてみると、【感情（エモーション）】に問題があり、小さな頃の父親の虐待が原因でした。施術でそのトラウマを解除することができ、頭痛はきれいに消えました。

「あなたの場合、頭痛になるべくしてなったんですよ」

こう言うと、その女性はキョトンとしていました。実は、この女性の場合、過去世で同じような虐待を受けていて、それが〈現在〉の問題として顕在化したのです。

「私、これからしっかり生きます。次の世に引きずらないようにします」

感じるところがあったのでしょう、彼女は力強く宣言しましたが、ダイナミック・レイキコウが真に目指すところはここなのです（「おわりに」を参照してください）。

「きっと、この方は素晴らしい人生を歩むことだろうな」

彼女の言葉を聞いて、私はこう思いました。同時に、ダイナミック・レイキコウを感じて解ってくれたのだと、嬉しくなったものでした。

「浮き沈みシール」
……霊障を取り、ケイラクの乱れを調整。ウツや躁鬱病に有効

「浮き沈み」という概念は、伊東聖鎬先生が発見しています。

人間は、地球上では1Gで引っ張られていると思っています（引力）。

しかし、現実的には、立っている地面の中は、いろいろな鉱物の集合体の地盤です。人間は、その上に立っているのです。そこには磁気的なものも作用し、1Gよりも人間を強く引っ張る土地、1Gより弱く人を浮かせる土地があります。

土地という場の影響が強く出るのは、脳です。その土地を離れると解消されますが、その土地を離れても、脳に影響が残る人がいます。

「沈んでいる人」は、自分が地面を踏んでいると思っています。しかし、実際に踏んでいる地面は、現実の地面より下のところになります。こうした人は、ウツ病になるリスクが非常に高くなります。

「浮いている人」も、自分は地面を踏んでいると思っています。しかし、「沈んでいる人」の逆で、実際に踏んでいる地面は、現実の地面より上に浮いています。フワフワとした歩みをしている人で、こうした人は躁鬱病になりやすくなります。

どれくらい下か上かは、個人によって異なってきます。

ウツの方は波があり、気分のアップダウンに施術者は苦しみます。しかし、この浮き沈みに対応しながら霊障を取り、ケイラクの乱れを正し、整体的に正しい姿勢をつくっていく中で、スムーズに経過を見ていくことができます。

「浮き沈み」に対応する施術が、「浮き沈みシール」です。このシールは伊東聖鎬先生が開発されたもので、貼ると、足指がしっかり実際の地面をつかんで歩いていることを実感できます。このシールは、施術で素晴らしい成果をあげています。

症例① 機械から出てくる音で頭痛が起こる

ある時、変わった患者さんが来院しました。

「音が嫌なんです。テレビの音なども含め、機械から出てくる音がダメで、テレビがついているだけでも頭痛が起きるんです」

その女性は、こう訴えます。特に、出産してからは異常としか表現できないほどで、偏頭痛も激しいと言います。こうしたケースは珍しいものです。

実は、彼女は「沈んで」いました。

その「沈み」を解消して体のバランス、ケイラクのバランスを取っていく施術をしました。

その結果、三回で、偏頭痛からも、異常に聞こえていたテレビなどの機械音からも解放されました。

症例②　不安神経症

この患者さんは不安神経症と診断されていました。来院時は、壁をつたわってしか歩けない状況でした。施術室に入る時も、壁がないところでは親にしがみつくように歩いていました。

六締感印法では、「浮き沈み」が出ました。リーディングでは「一か月半で改善する」と出てきました。〈浮き沈みシール〉を用いながら霊障を取り、ケイラクの乱れを調整していくことで、リーディング通りに無事一か月半で改善しました。

クレアボヤンス
……問題の原因が【感情（エモーション）】の場合、近未来を視る

問題の原因が【感情（エモーション）】、しかも「近未来」と出た場合、ダイナミック・レイキコウでは、対処法として「クレアボヤンス」を用います。クレアボヤンスは「人を樹木にたとえ、人格を観る手法」で、近未来を視ることができます。

クレアボヤンスは、次のように行います。

①グランディング・センターリングします

「グランディング」とは、地球の上に立っている場合、「自分の真下に地球の中心があり、自分はその中心に向かって立っている」と考えることです。そうするだけで安定性が出てきます。

「センターリング」とは、「宇宙に対して自分はどこにいるのか」と考えた場合、自分の真上は無限大、左手は無限大、右手も無限大、真下も無限大です。「どこも無限大であれば、自分は宇宙の中心にいる」と考えることもできます。それが、センターリングです。

②下方のチャクラを少し閉じます。
③患者さんに、自分が頭の中の部屋にいると想像してもらいます。その部屋は壁も天井も真っ白です。自分は、ゆったりと好みのイスに腰かけています。
④目の前に、映画のスクリーンのようなリーディング用のスクリーンをつくります。
⑤透視ポイントをつなぎ（白銀のコードで）、リーディングトライアングルをつくります。
⑥どこかに黒いシミ、もや、ホコリを感じたら、「保護用のバラ」できれいにします。
⑦リーディー（リーディングされる人＝患者さん）に、自分の名前をフルネームで三回言ってもらいます。
⑧現れた色を観ます。この色は、リーディーの波動を示す色です。
⑨その色を、リーディング用のスクリーンの上に置きます。自分の上にも、その色を置きます。

⑩もう一度、リーディーに名前を言ってもらいます。
⑪スクリーンに現れてくる画像を観ます。その人を観る場合は樹木・花、家庭環境を観る場合は家の画像を観ます。
⑫その画像を観て、その絵を説明します。
⑬画像を、絵から映画のように動かします。これが「リーディーの近未来」です。
⑭その変化を伝えます。
⑮終了します。すべてに合掌し、すべてを壊します。「保護用のバラ」で叩き壊し、最後にそのバラも粉々にします。

シンボルとマントラ
……適切な気を出し、霊の浄化や魂の浄化などに用いる

霊の浄化や魂の浄化で、ダイナミック・レイキコウではマントラとシンボルを用います。

クラシック・レイキ（西洋レイキと直伝霊気）でも、マントラとシンボルを使います。

ダイナミック・レイキコウでは、適切なマントラとシンボルを使い、浄化に必要な気を必要な時に出します。

①基本のシンボル・マントラ（西洋レイキと同じ）

＊第一レイキ……属性は第一と第二チャクラ。地球、力、肉体・物質。用途はパワーアップ、エネルギーチャージ、固定・安定・定着、目に見えるものなどです

＊第二レイキ……属性は第三、第四チャクラ。月、愛、心・精神。用途はバランスの回復・調和、性格改善、流れやすい、水などです

＊第三レイキ……属性は第五、第六チャクラ。太陽、光、時間・空間。用途は遠隔ヒーリング、失せ物探しなどです

＊第四レイキ……属性は第七チャクラ。全宇宙、光明、すべて。レイキの根源、光そのものです。第一〜第三レイキは体、心、魂に対応します。しかし実際の施術では、それ以外という場合が出てきます。第四レイキはその時に使います

②動物霊の浄化に用いるシンボルとマントラ

第四レイキとも違う「それ以外」が霊障になります。代表的なものは動物霊です。動物霊の浄化では、動物霊に応じて、四つのシンボルとマントラを用います。

浄化対象は、「霊障度」や「憑き物」という言葉が反応しやすいものを選びます。

六締感印法で用いるＡＲ反応（＝反射）という面を持っていることになりますが、基本的手

法としては、足周辺を手でスキャンしていきます。その時感じるものがあれば、その上をさぐって情報を探す。これが本来ですが、感性に頼るため、一般の人ではそこまでできません。

ダイナミック・レイキコウでは、たとえば動物霊は基本的に体にいると考えますが、体にいない場合もあります。

AR反応で、最初は〈オーラの穴（動物霊）〉と出ているのに、そこにいない！　ということがありました。でも、そこを浄化すると、確かにいったんは消えます。そしてまた出てくる……。これを何度もくり返しているうちに、ハッと気づいたことがあります。それは、まるで水に映った影を何度も消そうとしている自分の姿でした。

ではその実態は……。はるか上にいました!!　これを「霊体」と名づけます。

コーザル体、ブッディ体、アートマ体、モナド体、ロゴス体（界）などに動物霊がいる場合、体にいると思って施術すると、何十体浄霊してもまだ足りない場合があります。そのため、これらのオーラにいることも考慮に入れ、動物霊のいる霊体を確定します。

③生き霊・念の浄化に用いるシンボルとマントラ

生き霊・念の浄化では、別のシンボルとマントラを用います。

④「癒しの光（金色の光）」に用いるシンボルとマントラ

魂の癒しや施術の仕上げでは、シンボルとマントラを用いて「癒しの光（金色の光）」を使います。患者さんの体の細胞の一つひとつを活性化させ、元気になってもらうことができます。

水子の場合、復活もあり得るため、二か月後まで浄霊することが望まれます。身内（特に実の親）に憑いた場合、親が執着していると浄霊できない場合もあります。こうなると、浄霊できない魂になりやすいので注意が必要です。

症例①　予期不安・心配性

不安神経症の女性が来院したことがあります。過呼吸・嘔吐感が強く、ヒステリー球（喉が詰まる）やＰＭＳ（生理前症候群）もありました。

彼女は結婚していましたが、実は、彼女が独身の頃に一度施療したことがありました。その時も改善したのですが、結婚・出産を経て再発したのです。

「待山先生の気功整体で治したい」という彼女の言葉に、ご主人は驚いたそうです。私の治療院は「気功整体」の看板を掲げています。気を用いるダイナミック・レイキコウをマッサージ同様に考えている方にすれば、それは驚きでしょう。

六締感印法で調べると、【心】の問題と出ました。施術を開始し、みるみる変わっていく彼女に、ご主人は安心したようです。今回は、三回の施術で良くなりました。

彼女は「半年ぶりで、親子で外食ができました」と喜んでくれましたが、続いてこう言いました。

「先生にお弟子さんはいらっしゃるんですか？　まだ先の話ですが、まだまだ子供を産みたいので……」

私は、「さて、これはどういう意味なのだろうか？」と考えてしまいました。私もまだまだ治療家の道を歩み続けるつもりですが、私が治療院を閉院するとでも考えたのでしょうか。

「その時は、すごい腕を持つ弟子を紹介するよ！」

とりあえず、こう返事をしておきました（現在、私の「気塾」に通っている諸君、またこれから通おうと思っている皆さん方、頑張ってくださいね!!）。

症例②　〈前世のケガ〉による歯痛

「歯が痛くて仕事ができません。歯医者に行っても、『どこも悪くありません』と帰されてしまいます」

こう訴える患者さんが来院されました。数軒の歯科医を回っても症状は変わらず、紹介されて当院に来院したのです。

六締感印法の結果、霊障、前世のケガが原因と出ました。施術で〈前世のキズ〉を癒したところ、痛みはすっかり消えました。その後、紹介者から、痛みがぶり返すことはなかったと聞きました。

歯に原因がなく、歯が痛む……。こうしたケースは、意外と多くあります。通常は重心バランスが狂ってセンサーである歯が痛むのですが、霊障が原因というケースもあるのです。これまでのところ、霊障だけでの歯痛はこの方と口に動物霊が憑いた方の二例だけです。

第6章

「体・心・魂」を光り輝かせるダイナミック・レイキコウ

「体・心・魂」をキラキラ輝かせるために、現在の病気や不調を解消する

ここまで、ダイナミック・レイキコウによるさまざまな病気や心身の不調の原因、およびその原因に対するダイナミック・レイキコウの対処法についてお話してきました。

そこで、誤解していただきたくないポイントがあります。

「体・心・魂」をキラキラ輝かせながら、〝いのち〟の素晴らしさを実感しながら、有限の人生を充実させて生きていただきたい——。

これが、私がダイナミック・レイキコウを開発した願いです。

一生懸命生きていない人などいません。今がどんな状況でも、「いのち」は上へ上へと伸びていきます。たとえ死んでも……。

ダイナミック・レイキコウは、ただの病気癒しや痛みを取る施術ではない。「体・心・魂」を輝かせ、人生を輝かせ、魂の進化を促すもの——。

これがダイナミック・レイキコウの真の目的です。

ただし現在、心身の病気や不調、さまざまなトラブルを抱えている状態は、「体・心・魂」

に暗い雲がかかったようなもので、輝くことができません。

そうしたものにとらわれていては、その先のステップに進むことはできません。ダイナミック・レイキコウを用い、私が患者さんを施術しているのはこの理由からです。

そのためにまず、病気や心身の不調、それにトラブルの原因を確定する必要があります。その方法こそ、先にお話したダイナミック・レイキコウ独自の「六締感印法」です。

六締感印法の「六締感」は、六種の原因を感得し、確定するという意味です。この六締感印法は、さまざまな学びの中から得たものを集大成し、そこに私の独創も加えたものです。

繰り返しになりますが、六種の原因とは【構造（フィジカル）】【生体化学（ケミカル）】【感情（エモーション）】【気（インフォメーション）】【オーラ】【チャクラ】の六種でした。六締感印法を用いると、この六種の原因の優先順位も確定できます。

さらに、六締感印法を用いると、霊・ゴースト・「トロイの木馬」などの存在の有無、霊障度も確定できます。ダイナミック・レイキコウでは、そうした事柄への対処法（浄霊、滅霊、消霊）も確立されています。

六締感印法

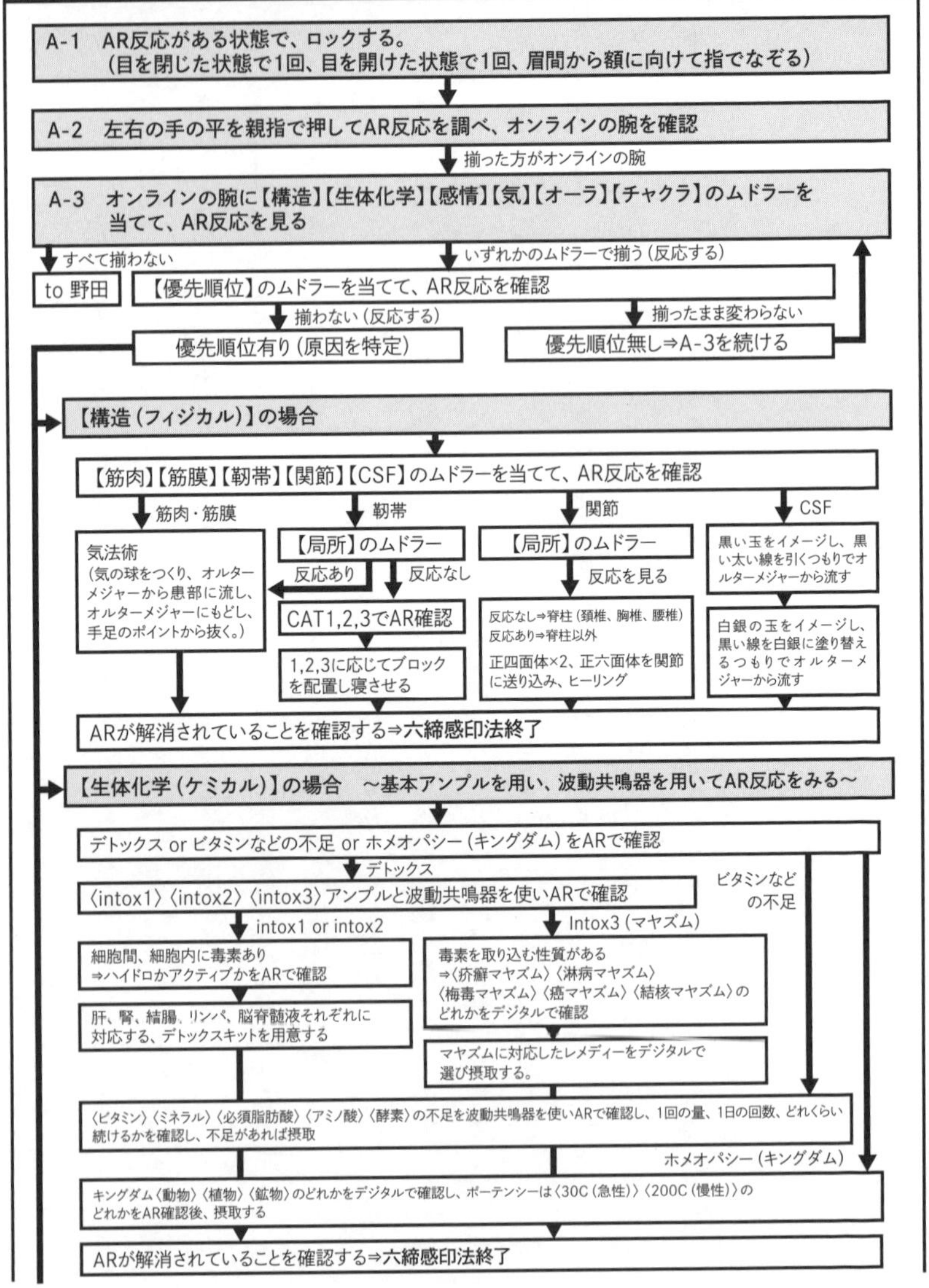

A-1　AR反応がある状態で、ロックする。
（目を閉じた状態で1回、目を開けた状態で1回、眉間から額に向けて指でなぞる）
A-2　左右の手の平を親指で押してAR反応を調べ、オンラインの腕を確認
揃った方がオンラインの腕
A-3　オンラインの腕に【構造】【生体化学】【感情】【気】【オーラ】【チャクラ】のムドラーを当てて、AR反応を見る
すべて揃わない
いずれかのムドラーで揃う（反応する）
to 野田
【優先順位】のムドラーを当てて、AR反応を確認
揃わない（反応する）
揃ったまま変わらない
優先順位有り（原因を特定）
優先順位無し⇒A-3を続ける
【構造（フィジカル）】の場合
【筋肉】【筋膜】【靭帯】【関節】【CSF】のムドラーを当てて、AR反応を確認
筋肉・筋膜
靭帯
関節
CSF
気法術
（気の球をつくり、オルターメジャーから患部に流し、オルターメジャーにもどし、手足のポイントから抜く。）
【局所】のムドラー
反応あり
反応なし
CAT1,2,3でAR確認
1,2,3に応じてブロックを配置し寝させる
【局所】のムドラー
反応を見る
反応なし⇒脊柱（頚椎、胸椎、腰椎）
反応あり⇒脊柱以外
正四面体×2、正六面体を関節に送り込み、ヒーリング
黒い玉をイメージし、黒い太い線を引くつもりでオルターメジャーから流す
白銀の玉をイメージし、黒い線を白銀に塗り替えるつもりでオルターメジャーから流す
ARが解消されていることを確認する⇒六締感印法終了
【生体化学（ケミカル）】の場合　～基本アンプルを用い、波動共鳴器を用いてAR反応をみる～
デトックス or ビタミンなどの不足 or ホメオパシー（キングダム）をARで確認
デトックス
ビタミンなどの不足
〈intox1〉〈intox2〉〈intox3〉アンプルと波動共鳴器を使いARで確認
intox1 or intox2
Intox3（マヤズム）
細胞間、細胞内に毒素あり
⇒ハイドロかアクティブかをARで確認
肝、腎、結腸、リンパ、脳脊髄液それぞれに対応する、デトックスキットを用意する
毒素を取り込む性質がある
⇒〈疥癬マヤズム〉〈淋病マヤズム〉〈梅毒マヤズム〉〈癌マヤズム〉〈結核マヤズム〉のどれかをデジタルで確認
マヤズムに対応したレメディーをデジタルで選び摂取する。
〈ビタミン〉〈ミネラル〉〈必須脂肪酸〉〈アミノ酸〉〈酵素〉の不足を波動共鳴器を使いARで確認し、1回の量、1日の回数、どれくらい続けるかを確認し、不足があれば摂取
ホメオパシー（キングダム）
キングダム〈動物〉〈植物〉〈鉱物〉のどれかをデジタルで確認し、ポーテンシーは〈30C（急性）〉〈200C（慢性）〉のどれかをAR確認後、摂取する
ARが解消されていることを確認する⇒六締感印法終了

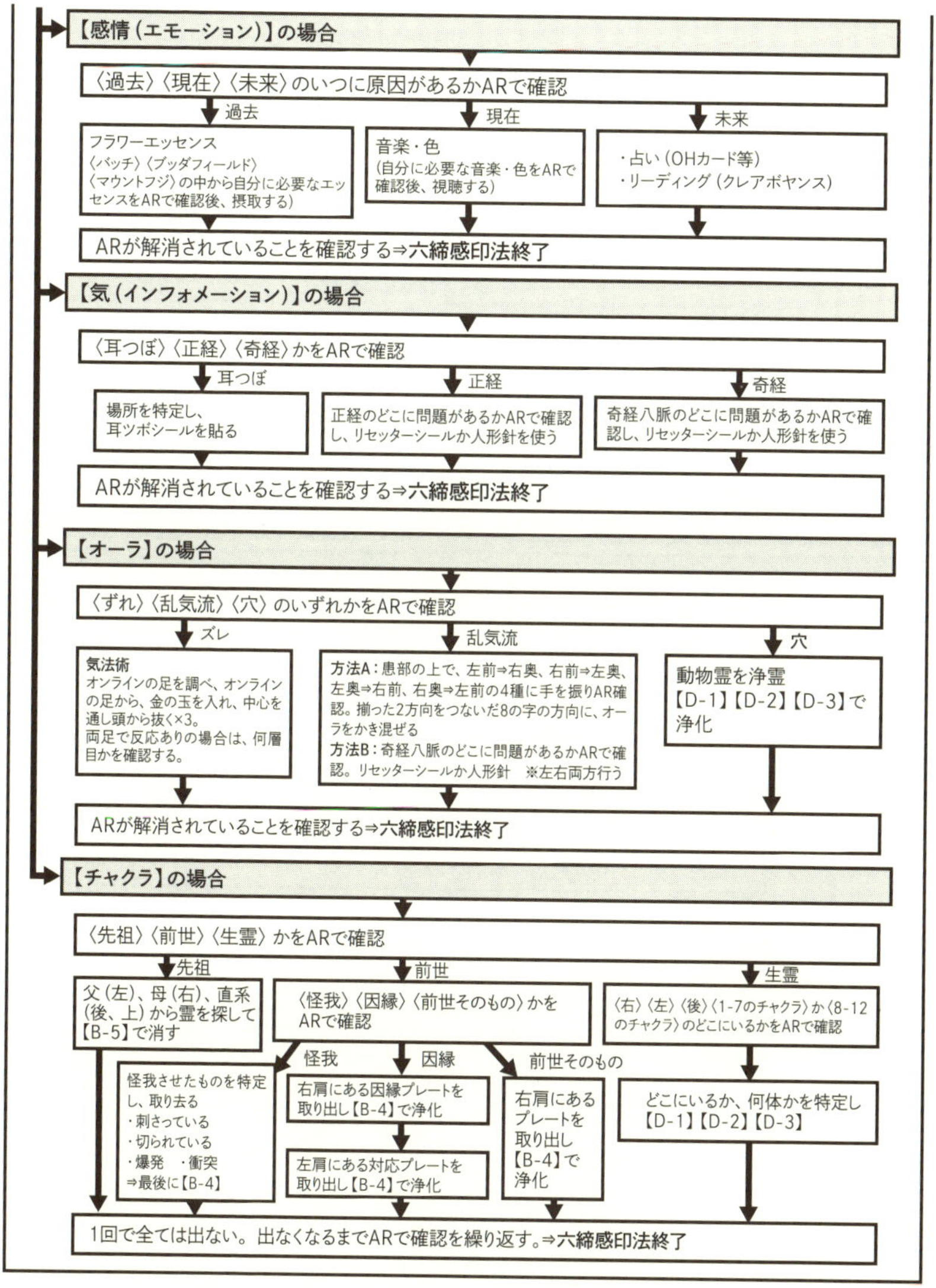
【感情（エモーション）】の場合
〈過去〉〈現在〉〈未来〉のいつに原因があるかARで確認
過去
フラワーエッセンス
〈バッチ〉〈ブッダフィールド〉
〈マウントフジ〉の中から自分に必要なエッセンスをARで確認後、摂取する）
現在
音楽・色
（自分に必要な音楽・色をARで確認後、視聴する）
未来
・占い（OHカード等）
・リーディング（クレアボヤンス）
ARが解消されていることを確認する⇒六締感印法終了
【気（インフォメーション）】の場合
〈耳つぼ〉〈正経〉〈奇経〉かをARで確認
耳つぼ
場所を特定し、
耳ツボシールを貼る
正経
正経のどこに問題があるかARで確認し、リセッターシールか人形針を使う
奇経
奇経八脈のどこに問題があるかARで確認し、リセッターシールか人形針を使う
ARが解消されていることを確認する⇒六締感印法終了
【オーラ】の場合
〈ずれ〉〈乱気流〉〈穴〉のいずれかをARで確認
ズレ
気法術
オンラインの足を調べ、オンラインの足から、金の玉を入れ、中心を通し頭から抜く×3。
両足で反応ありの場合は、何層目かを確認する。
乱気流
方法A：患部の上で、左前⇒右奥、右前⇒左奥、左奥⇒右前、右奥⇒左前の4種に手を振りAR確認。揃った2方向をつないだ8の字の方向に、オーラをかき混ぜる
方法B：奇経八脈のどこに問題があるかARで確認。リセッターシールか人形針　※左右両方行う
穴
動物霊を浄霊
【D-1】【D-2】【D-3】で浄化
ARが解消されていることを確認する⇒六締感印法終了
【チャクラ】の場合
〈先祖〉〈前世〉〈生霊〉かをARで確認
先祖
父（左）、母（右）、直系（後、上）から霊を探して【B-5】で消す
前世
〈怪我〉〈因縁〉〈前世そのもの〉かをARで確認
怪我
怪我させたものを特定し、取り去る
・刺さっている
・切られている
・爆発　・衝突
⇒最後に【B-4】
因縁
右肩にある因縁プレートを取り出し【B-4】で浄化
左肩にある対応プレートを取り出し【B-4】で浄化
前世そのもの
右肩にあるプレートを取り出し【B-4】で浄化
生霊
〈右〉〈左〉〈後〉〈1-7のチャクラ〉か〈8-12のチャクラ〉のどこにいるかをARで確認
どこにいるか、何体かを特定し【D-1】【D-2】【D-3】
1回で全ては出ない。出なくなるまでARで確認を繰り返す。⇒六締感印法終了

1. 霊障度の解消

1-1 「霊障度」の紙を胸に置き、「霊障度に問題無いか」をAR確認

揃う（問題無し）→ 1-2へ

ずれる（問題あり）

ずれた状態をロックし、
「動物霊」>「魂」>「水子」>「生霊」>「死霊」>「先祖」>「前世」の順に何が問題かAR確認

- どれかが揃う → その問題に応じた方法で対処
- どれも揃わない → 「呪い」が原因。それに応じた方法で対処

1-2 「霊障度」の紙を胸に置き、「霊障度に問題無いか」をAR確認

揃う（問題無し）→ 2へ

ずれる（問題あり）

ずれた状態をロックし、
「前世」>「先祖」>「死霊」>「生霊」>「水子」>「魂」>「動物霊」の順に何が問題かAR確認

- どれかが揃う → その問題に応じた方法で対処
- どれも揃わない → 「呪い」が原因。それに応じた方法で対処

2. プレテスト

2-1 イニシャルAR：何もしない状態でARがあるか確認

揃う → 2-2へ

揃わない

患者の足の中指と踵を指ではさみ【B-1】を流す（両足やる）or
患者の右腕⇒左足⇒左足⇒右腕⇒左腕⇒右足⇒右足⇒左腕の順に触る or
手技 or リセット（基本、重心）or 六締感印法 or 活性酸素（ビタミンC、ビタミンE）で、
ARが解消するまで行う。（オンラインの手が見つからない場合は、基本リセットを使用）

解消

2-2 隠されたAR：右手の平を親指で押してからAR確認、左手も同様にAR確認

揃う → 2-3へ

揃わない

六締感印法で、ARが解消するまで行う

解消

2-3 レグレーション：　右耳、左耳、へそ、それぞれの前で手を反らしAR確認

揃わない → 2-4aへ

揃う（揃わないのが正常）

2-1、2-2が処理しきれてないので再確認; or 正常な反応をしない体（to 野田）

解消

2-4a スイッチング：　両手首を触る>自分の左右の手を交差させ逆の手で触る >最初と同じく触る>そしてAR確認

揃う

揃わない

六締感印法で、ARが解消するまで行う

解消

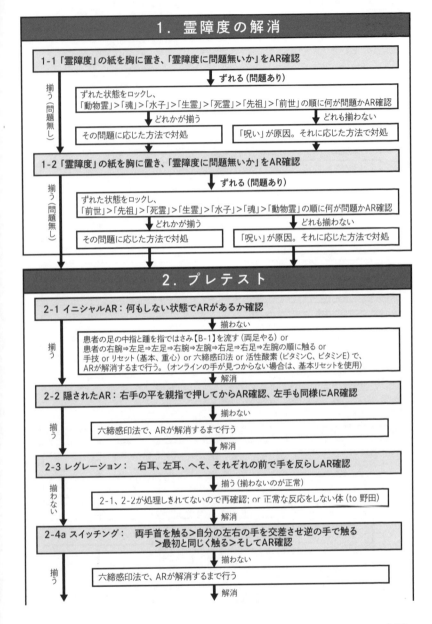

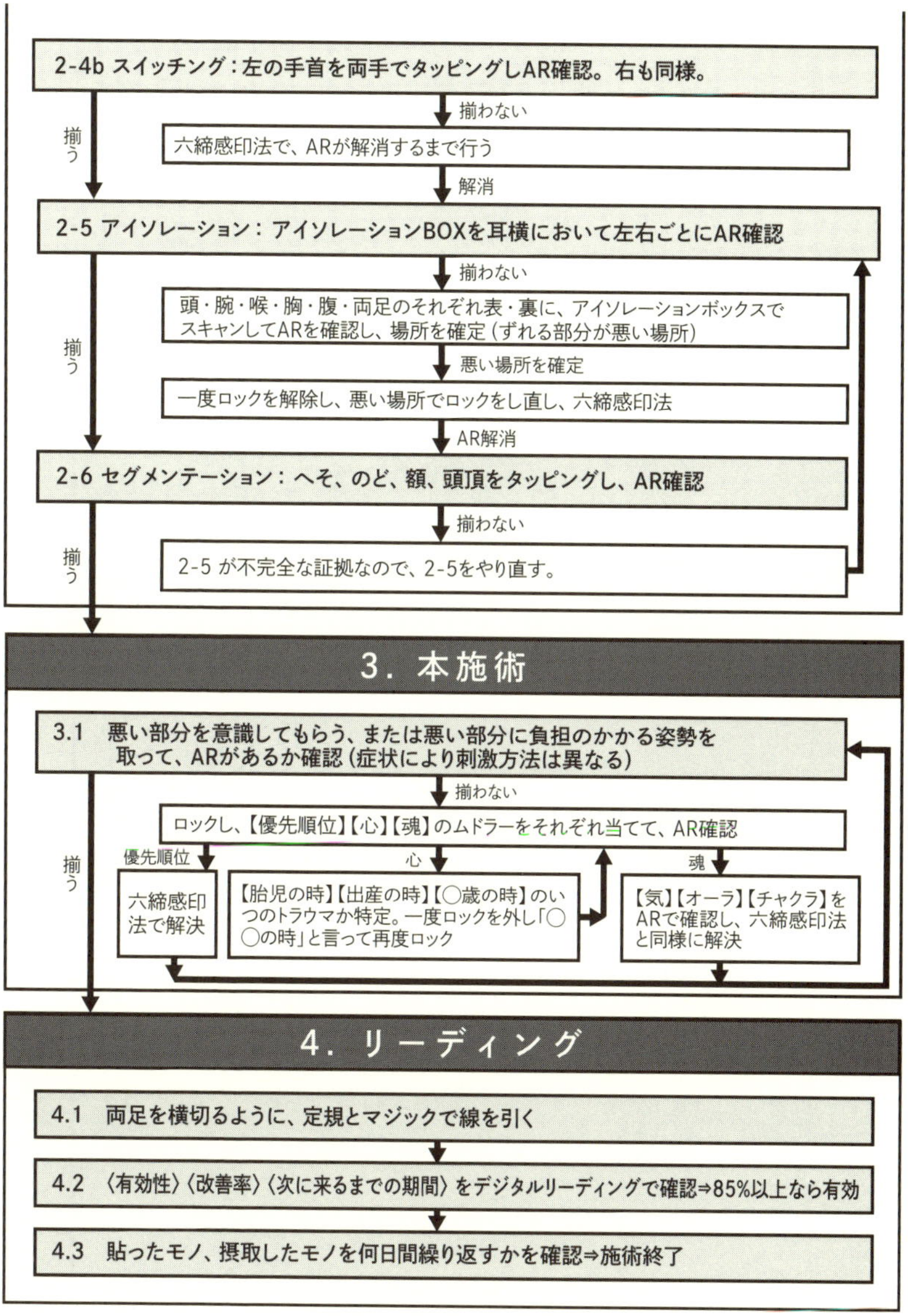
2-4b スイッチング：左の手首を両手でタッピングしAR確認。右も同様。
揃わない
六締感印法で、ARが解消するまで行う
解消
揃う
2-5 アイソレーション：アイソレーションBOXを耳横において左右ごとにAR確認
揃わない
頭・腕・喉・胸・腹・両足のそれぞれ表・裏に、アイソレーションボックスでスキャンしてARを確認し、場所を確定（ずれる部分が悪い場所）
悪い場所を確定
一度ロックを解除し、悪い場所でロックをし直し、六締感印法
AR解消
揃う
2-6 セグメンテーション：へそ、のど、額、頭頂をタッピングし、AR確認
揃わない
2-5 が不完全な証拠なので、2-5をやり直す。
揃う
3. 本施術
3.1　悪い部分を意識してもらう、または悪い部分に負担のかかる姿勢を取って、ARがあるか確認（症状により刺激方法は異なる）
揃わない
ロックし、【優先順位】【心】【魂】のムドラーをそれぞれ当てて、AR確認
優先順位
六締感印法で解決
心
【胎児の時】【出産の時】【○歳の時】のいつのトラウマか特定。一度ロックを外し「○○の時」と言って再度ロック
魂
【気】【オーラ】【チャクラ】をARで確認し、六締感印法と同様に解決
揃う
4. リーディング
4.1　両足を横切るように、定規とマジックで線を引く
4.2　〈有効性〉〈改善率〉〈次に来るまでの期間〉をデジタルリーディングで確認⇒85%以上なら有効
4.3　貼ったモノ、摂取したモノを何日間繰り返すかを確認⇒施術終了

六締感印法では、患者さんはただリラックスするだけで何もする必要がない

ダイナミック・レイキコウを体験された方すべてが、私の考える次のステップに進むとは限りません。しかし、現実の病気や心身の不調、不快なトラブルから解放された時、ほとんどの方は次のステップに進む準備はできています。

昨日までと空気感が違う、世界の明るさや確かさが違う、自分の中から澱《おり》のようなものが消えた感覚がある……。こうした感覚こそ、次のステップに進む準備です。

そうした準備が整ったことを感じ取った多くの方が、ダイナミック・レイキコウの真の目的に歩んでほしいと願っています。施術する際には、その思いを込めてもいます。

「六締感印法って、よく解らない。怖いような気もする……」

こう思われるかもしれません。確かに「解らない」部分はあるでしょうが、怖いというのはまったく当たりません。

六締感印法では患者さんの手から情報を得ますが、整体のようなフィジカルな施術は一切しません。その際、患者さんは何もする必要はありません。施術ベッドの上で仰向けになり、リ

ラックス状態でいるだけです。この段階で、「先生は今、何をしているのか？」と、不安になる方もいるようです。しかし、不安を感じる必要はまったくありません。

「この先生は、原因をいろいろと調べているんだな」。こう思い、ゆっくりリラックスしていただいていて結構です。そのリラックス状態こそ、六締感印法の効果を高めます。患者さんに何かをしていただく必要があれば、私のほうから声をかけます。

忘れていましたが、六締感印法を行う前に、患者さんにしていただくことがありました。と言っても、次のようなことだけです。

まず、身につけている金属製のものは外していただきます。時計、メガネ、ベルト、ブレスレット、ネックレス、アンクレット、スマホなどには金属が使われています。こうした金属製のものを身につけていると、正確な判断の妨げになるからです。

六締感印法は、ダイナミック・レイキコウ独自の患者さんの体との〝対話〟

では、六締感印法は具体的にどんなことをするのでしょうか？

患者さんとの対話――。六締感印法を分かりやすく説明すると、こうなります。「対話する」

と言っても体との対話で、言葉を交わすことはありません。

患者さんの体は、すべてを知っている。すべての情報を知っている——。

こう表現しても間違いありません。だから、言葉で会話をする必要はないのです。

「では、どうやって体から情報を得るの？」と思われたことでしょう。

その方法が、ダイナミック・レイキコウで用いる三つの技法です。次に、その三つの技法を紹介しましょう。

①ＡＲ反応（筋肉反射）

フィシオエナジェティックにも、ＡＲ反応（筋肉反応）があります。そのＡＲ反応と差別化するため、ダイナミック・レイキコウ独自のものになっています。

六締感印法ではまず、相手の体にリーディングで問いかけながら、患者さんの体が知っているその情報を、独自のＡＲ反応で体との対話を通じて引き出します。まさに「体話」と言うことができるでしょう。

「反応なし（指が揃う）」か「反応あり（指が揃わない）」かを見る——。これがＡＲ反応です。

ＡＲ反応は、伸ばしてもらった患者さんの両手の親指で判定します。非常に感覚的なところ

AR反応は患者さんとの「体話」

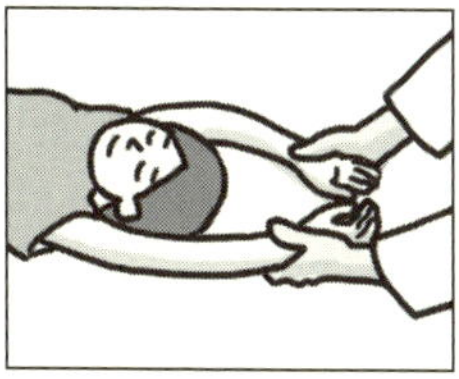

仰向けが基本

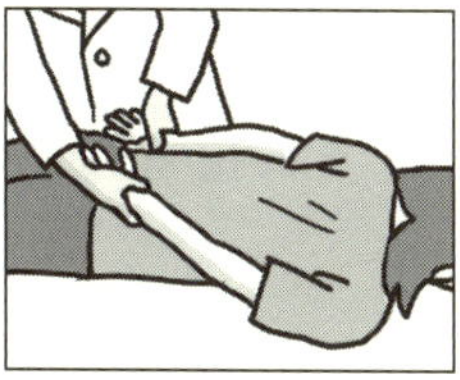

うつ伏せの場合の確認方法

自分でもAR反応を確認できる

患者さんの身体にいろいろな質問をし、その都度、
腕の長さを確認します

腕の長さ（親指の位置）がズレた
＝反応あり

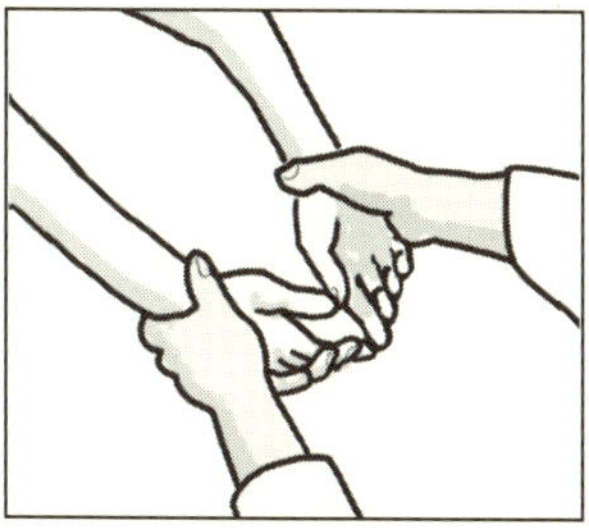

腕の長さ（親指の位置）が揃った
＝反応なし

腕の長さ（親指の位置）が揃ったか、ズレたかで、
身体への問いかけの回答が「はい」か「いいえ」かを判断します。
基本的には、揃った場合は「はい」、ズレた場合は「いいえ」です。

があり、「揃った」か「揃わないか」は視覚で判断するのではなく、「解る・解らない」の世界とも表現できます。

あなたが何も言葉を発しなくても、あなたの体との〝体話〟で、あなたの不調の真の原因と、その原因をクリアする対処法が紡ぎ出されてきます。それを受け止めようと、私の意識と無意識がフル回転しています。

原因と対処法が確定すれば、それに沿って対処法を施します。継続して続けていただければ、必ずや朗報が得られると確信しています。

あなたの体、あなたの無意識は決してウソをつきません。六締感印法で確定した真の原因に、同じ技法で紡ぎ出された対処法が背くことはないからです。

ＡＲ反応の良いところは、「ロック」できる点です。ロックすればその状態が維持でき、施術でその反応が消えていることで効果が確認できます。

②リーディングとデジタルリーディング

ＡＲ反応で解決されない問題を解く場合に、六締感印法では、リーディングやデジタルリーディングを用います。デジタルリーディングでは、すべて％で表記されます。

デジタルリーディングの手順

手順1　スネに線を引く

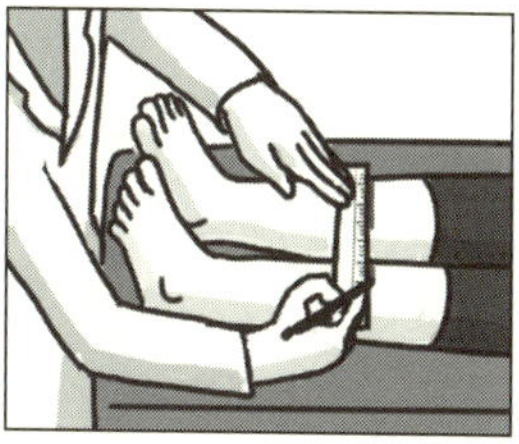

患者さんのスネに、定規を使い、
ボールペンなどでまっすぐな線を
引きます（施術者本人が直線に
見えることが必要）。

手順2　線を上から眺めながら、質問をする

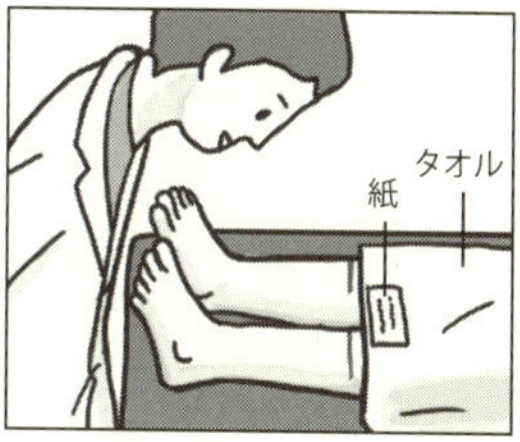

線を上から眺めます。
質問の紙を置きます
（紙が用意できない場合は
心の中でその質問を問います）。
慣れないうちは必ず紙に書いて
ください。そうでないと間違えます。

手順3　線が揃うか、ズレるかを確認する

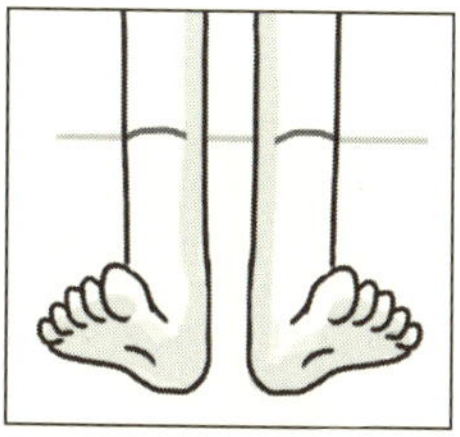
揃うとYES

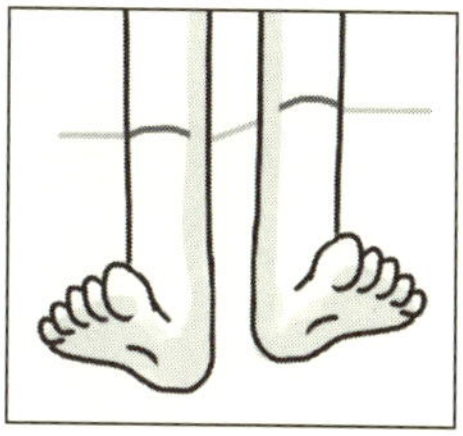
ズレるとNO

この手法を行う際には、顕微鏡を覗くような注意深さが要求されます。動かす％も、最大10％ずつ動かします。それ以上であればフリーズしてしまい、リーディングができなくなります。ダイナミック・レイキコウでは、対処法として、自然療法からさまざまなものを扱います。扱うものにはホメオパシーのレメディ、フラワーエッセンス、アロマオイル（エッセンシャルオイル）などがあります。

そうした対象になる〝もの〟を選ぶ場合、デジタルリーディングで有効性が85％以上あるかどうかで判断します。ものを選ぶ場合、足が揃えばその物質がＹＥＳ、ズレるとＮＯです。また、霊障度の判定でも、デジタルリーディングが不可欠になります。

症例　逆子だった胎児

当院には、妊娠した方も多く訪れます。当院の施術は妊婦さんも安心して受けられるもので、姿勢は仰向けです。高齢出産でも、ラクに出産するためのケアに来院する方もいます。

これまで、リーディングでは数々の印象的な出来事がありました。

その中に、一か月後に出産を控え、胎児が逆子だった方がいました。その方は、帝王切開は覚悟しているとのことでした。そこで、リーディングを用い、胎児に「頭の位置が逆さまなの、知ってる?」と語りかけると、答えは「知らない」でした。次に、「頭とお尻、反対にできるかな」と語りかけると、「できる」という答えが返ってきました。

「僕ができることは手伝うからやってみて。産まれる時、ラクだと思うよ」

この語りかけのあと、胎児の言う通りの施療をして、「どう?」と訊ねました。

「大丈夫、これで今日の午後には反対になっている」

この胎児の反応をその女性に伝え、施術を終えました。その日の午後、検診がありました。後日、その結果を聞くと、逆子は治っていました。

「出産一か月前でも治ることがあるんだ!」と医師もビックリしていたそうですが、リーディングに熟達すると、こうしたことが可能になります。

③ムドラー(手印)

古代、人間が言葉をまだ持たなかった時代がありました。その時代において、ムドラー(手印)はコミュニケーション手段でした。

中国気功には、手がエネルギーを集めるとして、「手印気功」があるほどです。フィシオエナジェティックでは、現代に有効な手印を研究しているとも言います。

各チャクラを開くムドラーとポーズ

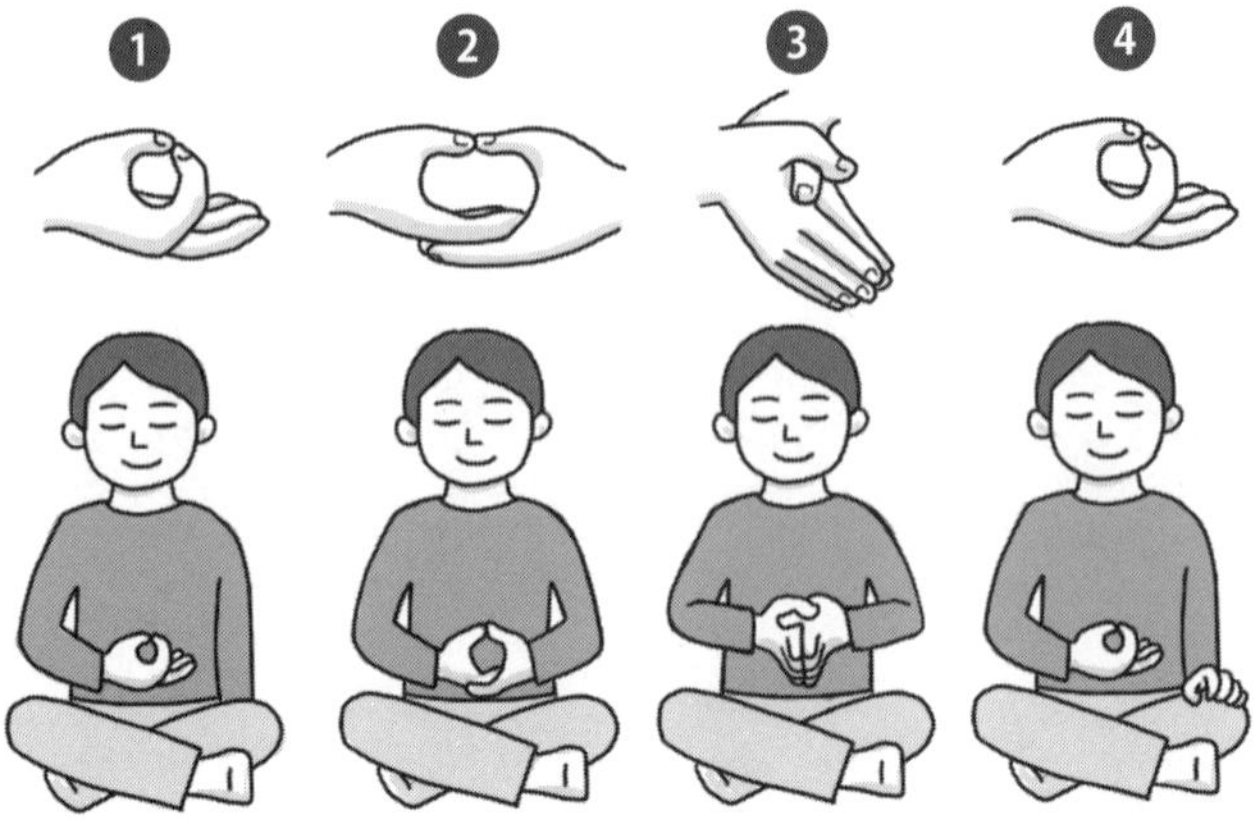

LAM ラーム　VAM ヴァーム　RAM ラーム　YAM ヤーム

HAM ハーム　OM オーム　OM オーム

六締感印法のムドラーの基本は、フィシオエナジェティックと同じです。ただまったく同じではなく、フィシオエナジェティックのムドラーを独自に発展させています。ムドラーを用いて確認していくために、「印法」という言葉がついています。

当院では、患者さんに、仏像のような手のポーズ（ムドラー）を取ってもらうことがあります。手のポーズには七つあり、七つあるチャクラをそれぞれ開くポーズです。

私の気を一瞬で伝えるために協力してもらう——。これが、患者さんにこのポーズを取っていただく理由です。前に紹介した「遊びの健康法」と同じように、宗教的な意味はまったくありません。

効果には個人差もあるが、〝ささやかな思い〟が個人差を乗り越える

ダイナミック・レイキコウは、六締感印法で原因とその原因に即した対処法を確定し、その通りに施術します。しかし、個人により、改善のスピードは異なるようです。

背中が痛いと訴えて来院した患者さんがいました。

私としてはかなり念入りに施術したあと、「どうですか？」と聞いてみました。この時、痛

む場所に触れましたが、これは痛む場所を確認するためだけに行いました。

患者さんの答えは「わかんないです」というものでした。

「まあ、だいぶ良くなっていると思いますから様子を見てください」。こう言って、患者さんを送り出しました。

数日後、その患者さんが来院しました。

「次の日からだいぶ良いよ。あとから効いてくる感じだ。痛みはなくなって、違和感だけが残っている」

この言葉から、先日の施術が成功していることが分かりました。

いまだに不思議なのですが、施術してすぐに効果が感じられる人もいるし、あまり感じない人もいるし、まったく感じない人もいます。この患者さんは、あまり感じないタイプでした。

すぐ効果を感じた人の例も挙げましょう。

当院に、体のほぐしの専門家・セラピストが来たことがあります。気の世界にも興味があるということでしたが、首や肩がこっているということで、気を感じてもらうことにしました。

水道水を入れたビンを用意し、その水に気を入れて気功水にしました。そのビンで肩や首をこすり、前後で比較してもらいました。

「すごくラクになった！」と、その方は喜んでいましたが、「オーラというものもあるんだよ」と話すと、興味を示します。そこで、胸の前あたりでオーラを撫でてみせました。すると、「何か感じる、暖かくなる」と言って、さすがにセラピストらしく、感受性の強いところを披露してくれました。

施術内容は、六締感印法によって明らかになる原因によってそれぞれ異なります。ただ同じような原因と判定された場合、ほぼ同じような施術を行うことになります。それでも、効果の感じ方は人それぞれです。

私は、私の施術を実感できるかどうかの目安として、意識と無意識の差を5段階に分けています。

①段階1〜2の人……時間が経てば分かってくる人

②段階3〜4の人……前に説明したように、脊柱の矯正とホメオパシーが必要な人（これを応用し、アレルギーの施療に使っています）

③段階5の人……ケイラク調整が必要な人（この一定の幅を超えた人が精神的な病になっていく）

段階1〜2の人が施術の効果を最も実感しやすく、次が段階3〜4の人、その次が段階5の人になります。

ただ、段階3～4の人でも、段階5の人でも、施術の効果を上げる方法はあります。

「ここで、私に良いことが起きる」

当院の扉を開ける前にこう思っていただけば、効果は上がると思います。

ダイナミック・レイキコウを学べる「待山気塾」のコース

当院に来院し、ダイナミック・レイキコウを体験した患者さんは、実にさまざまです。

「先生、ありがとう。困ったらまた来るから、よろしくね」

こんな方もいます。私は「お大事にね」と言いますが、まったく違う方もいます。

「先生がどんな魔法を使ったのか解らないけど、本当に良くなりました。先生は、いったい何をどうしたのですか?」

「私、先生の方法を知りたい。『不思議だな』で終わりたくないんです」

患者さんの中には、こうした感想を漏らす方もいます。

ダイナミック・レイキコウは、決して〝魔法〟でも〝不思議〟でもありません。

私たちは、この宇宙に活かされています。ダイナミック・レイキコウは、宇宙に活かされているそうした存在に、宇宙の〝摂理〟を応用したものです。他の方法では人間という存在の根源に迫れないために、こうした感じを抱くだけなのです。

素直にこうした感じを話してくれる方には、ダイナミック・レイキコウの話もします。参加する・しないは別にして、「待山気塾」の話をすることもあります。

ここまでにも、しばしば待山気塾が登場しました。「初伝」とか「中伝」、「エナジーワーカーコース」も、必要に応じて述べてきました。

待山気塾は、ダイナミック・レイキコウを学びたい人のためにある講習会です。ダイナミック・レイキコウは私が開発したものですから、この気塾でしか学ぶことはできません。

前にも触れましたが、私はロータスホメオパシースクールのプロフェッショナルコースで、ホメオパシーを学んでいました。その時、レメディの波長を捉えようと、手をかざし、格闘していました。

「君、何をやってるんだい？」

そんな私を見て、声をかけてきた仲間がいました。

「君は気功をやるんだって？　君の気功を教えてくれないか」

その彼は言い、六人の仲間を集めてくれました。この集まりがきっかけとなり、発展して現在の待山気塾が誕生したのです。

現在、待山気塾には「初伝」「中伝前期」「中伝後期」「六締感印法」「エナジーワーカーコース（フィジカルコース、メンタルコース、スピリチュアルコースの三種類）」、それに「奥伝」のコースがあります。ここで、各コースを簡単に紹介したいと思います。

【初伝】……ダイナミック・レイキコウの原点である西洋レイキを学ぶ

集まった彼ら六人に教えたのは、「西洋レイキ」でした。

その理由はまず、気を教えるうえでこれが一番適していると考えたからです。いろいろな気功がありますが、レイキを基準にし、それより荒い気は却下します。そして、西洋レイキは、ダイナミック・レイキコウの原点でもあります。

私は、レイキの完成形を目指していました。私がほぼ完成した「気」は、西洋レイキとは違っています。現在は直伝霊気が明らかにされましたが、これともまた異なっています。

しかし、今でも、「初伝」で西洋レイキを教えています。「レイキ」という呪縛から脱した今、かえってより自由に、私の気をつくり、教えていけます。

私の考えでは、第四レイキを「表」とすると、「裏」があります。「裏」は「動物霊」などの霊障の浄化です。そこで、西洋レイキはそのままに裏技も教えます。この感覚が身につかないと、先に進めません。

さらに、「新・遊びの健康法」を学んでもらいます。

これは福田先生の「遊びの健康法」からヒントを得た私なりの「ホ・オポノポノ」と、「チャクラ」を取り入れたものです。遠隔で人を視ていく時、この「新・遊びの健康法」が基礎になります（これは私のダイナミック・レイキコウが、直伝霊気と違うことが分かってから初伝に入れました）。

【中伝前期】……自然療法を学ぶ

ここで、自然療法を学びます。と言っても、「気」として（つまりエネルギーとして）のそれぞれの波長を体感します。

具体的にはホメオパシー、アロマセラピー、フラワーエッセンスなど、それぞれの「気」としての扱い方を勉強します。また、ケイラクに流す気を学び、整体的な気の使い方も学びます。

リーディングとしては、フィシオエナジェティックのＡＲ反応のほかに、デジタルリーディングを学びます。デジタルリーディングを学ぶ理由は、AR反応では「良い」と「悪い」、「プラス」か「マイナス」か、の二元論になってしまうからです。

たとえば、テレビのタレントを考えてください。

テレビで見ている限り、自分がそのタレントを「好き」か「嫌い」で分けて考えています。しかし、実際につき合ってみると、「愛情」というのは「深まる」もので、単なる「好き嫌い」の次元ではなくなります。「こういう部分は好き」とか、「こういうところは嫌い」など、分かってくればくるほど、二元論的な表現はできなくなります。

「○%好き、○%嫌いだ」など、ある指標が必要になります。この指標を表すリーディングが、デジタルリーディングなのです。

【中伝後期】……裏技である霊障を学ぶ

ここで、裏技である霊障を学びます。

コンピュータならコンピュータ・ウイルスに相当する動物霊のほか、霊にはさまざまな種類があります。それぞれの特徴や体にどう憑いてくるか、その対処の仕方を学びます。

今まですべて「中伝」で学んでいたのですが、慣れていないと、どうしても混乱する傾向がありました。きちんと理解できないようですので、前期・後期と分けました。

【六締感印法コース】……気の具体的な使い方を学ぶ

これまで、さまざまな気を学んできましたが、それを具体的にどう使っていくかを学びます。基本はフィシオエナジェティックのAR反応と優先順位で、「プレテスト」として使われるものです。基本は同じですが、オーラ、チャクラの部分が偏った方法です。

フィシオエナジェティックのAR反応と混乱を避けるために、名称を変えました。これにより、無駄なことをせず、相手が求めている方法にたどり着くことができるようになりました。

【エナジーワーカーコース】……フィジカル、メンタル、スピリチュアルの三コース

フィジカル（肉体的）、メンタル（精神的）、スピリチュアル（霊的）の三種類に分かれます。本当にその不調なり病気が肉体の問題なのか、精神的ストレスが潜んでいないのか、それとも霊的な問題があるのか、コンピュータ・ウイルスが自分というソフトを破壊していないのか……などを学びます。

この三種類それぞれがコースとなっていますが、フィジカル↓メンタル↓スピリチュアルと進んでいかないと、それに対応する能力がついてきません。

＊フィジカルコース

①かとう公いち先生のトレーニングを学びます。これが気としての能力、底辺を上げていくことになります。

②伊東聖鎬先生の重心バランス、浮き沈み、プログラムを学びます。気としては、足から入ってきたエネルギーが頭に達し、そこからプログラムで全身にめぐっていくことを理解します。

③石本宏先生の「超療術＝宇宙の気」を学びます。プログラム＝大脳基底核と捉え、そこに流していく気を学びます。

これらの先生たちは、みな素晴らしい治療家です。私もまだまだ勉強途上です。私の生徒になっても、「この先生のほうが良い」となれば、喜んで祝福を贈ります。

＊メンタルコース

鈴木大光先生のケイラク調整を学びます。

先生は1／fの波長を中心に置いていますが、私の場合は霊障を取ることとケイラクの調整です。しかし、精神的な病気で悩まれている方は、ぜひ鈴木先生の施術を受けてみてください。素晴らしい結果が待っているでしょう。私も負けずに頑張ります。

＊スピリチュアルコース

これは、霊体を出せる能力が必要になります。

霊体は治療的な側面と、浄霊の能力が必要となります。浄霊だけでもよいかなと思ったのですが、やはりその回路を正しく調整しないとダメなようです。その回路は、どうやら量子場にあるようです。コースの内容は「浄霊」「滅霊」「消霊」の技術と、量子場の調整技術になります。

【奥伝】……「気づいたことを今やる」ことを学び合う

現在の日本には、さまざまな情報があふれています。施術家としても、学ぶべきいろいろな勉強法があふれています。今よりもっと素晴らしい世の中にするべく勉強し、待山気塾をより素晴らしい気の塾にするために、私も勉強していく所存です。

若林恒先生から、「ドゥ・ナウ＝気づいたことを今やる」ということを教わりました。ここではそれを教え、学び合いたいと思います。

おわりに……あなたが今、生きているということ

ここまで、ダイナミック・レイキコウについていろいろ話をしてきました。

「ダイナミック・レイキコウは、心身の不調を解消してくれる」

「ダイナミック・レイキコウは、動物霊をはじめとする霊障を除去したり、魂を浄化してくれる」

読後感として、こう思われた方もいるでしょう。しかし、それはダイナミック・レイキコウの入り口であり、目指すところではありません。

確かに、ダイナミック・レイキコウは、「体・心・魂」の問題を解消します。痛みをはじめ、さまざまな不調が消えます。しかし、それがダイナミック・レイキコウの究極の目的ではないのです。

「明日死ぬと思って生きなさい。永遠に生きると思って学びなさい」

これは、ガンジーの名言です。この言葉の意味するところは大きいものがあります。実は、ダイナミック・レイキコウの目的もここにあるのです。

ある患者さんの話をしましょう。

私は過去世を観ることはしませんが、うっかり解ってしまうことがあり、この方は400年ほど前に自殺していました。その生き方を、今世でもしていました。そういう生き方や考え方ではなく、もっと前向きな生き方・考え方についていろいろアドバイスしましたが、結局、自殺してしまいました。

家族はビックリするだけで、自殺した理由が分かりません。

「彼の声が聞こえるのか？　聞こえるなら、理由を教えてほしい」

私との関係を知っていた家族の方4〜5人が、不安そうに来院しました。

人間は死んでも、どこかに生命があります。死後4〜5日であれば、リーディングで死者の声を読むことができます。リーディングで読んでいくと、皆さん思い当たることがあったようです。

人間が死ぬと頭上に魂が現れ、一生を振り返ります。生きている間、自分の人生で何が良かったか、何が悪かったかは分かりません。その時「悪い」としか思えないことも、振り返ってみれば「良い」ということもあります。その時に初めて解るのです。

最期の振り返りの中で、「自分の今世はこれで良かった」と思えれば、安らかに往生できます。そう思えなかった霊は、執着から、自縛霊や浮遊霊としてこの世にとどまります。

今世に生まれたことは、そこに何かしらの目的があります。それを達成し（あるいは学び）、最後の最後に、今世の人生が満足できると思えるかどうか……です。

自殺してしまった方のように、今世でも、４００年前の生き方・死に方と同じ生き方・死に方をしてしまっている人がいます。それは、厳しく言うと、魂の進歩がないということです。魂の進歩のために、まず魂を学んでいただきたい。より良く生きるとはどういうことかを学んでいただきたい――。

これがダイナミック・レイキコウの究極の目的であり、私の強い思いでもあります。

今、あなたに問題があれば、その解消のためだけにダイナミック・レイキコウを頼るのではなく、この目的のためにダイナミック・レイキコウを生かしていただきたいのです。

病気とは、単に体や心が病むことではありません。もっと本質的なものに根ざしていると思います。いくら医学が進歩しても、かえって病気はどんどん増えています。自然界の摂理は、増えていくようになっているのだと考えます。

病気とは、一つのステップです。「病気になったからイヤだな」ではなく、「これは自分が歩んでいかなければならないどんなステップなのか？」を考えていただきたいのです。

「大地に倒れた場合、大地に手をつかないと起き上がれません。『自分はなぜ病気になったのか？』を考えてほしい」。患者さんに、私はよくこう申し上げます。

病気は、今世に人間として生まれ、魂の進歩に気づくステップなのです。この真理に気づかないと、生まれ変わった時にまた同じことを繰り返します。

人生は、「魂の修行」の場です。ここに気づくかどうかが、あなたの人生の岐路です。

そこに気づいた方たちのために、「待山気塾」として、ダイナミック・レイキコウの講習会も行っています。ダイナミック・レイキコウはこの世に必要で、存在価値のある施術だと自負しているからです。

学ぶために、特別な霊感や特別な才能は必要ありません。私自身、何度も言うように凡人です。気に興味がある方、魂の進歩に関心がある方であれば、誰でもダイナミック・レイキコウの世界を自分のものにすることができます。

新たな気の世界を切り拓いていける技術とツールを持った人間。悩んでいる人に自分を使える人間。この講習会から、そうした人間が誕生していく——。

その大きな期待と希望を持ち、講習生とともに研鑽に励んでいきたいと思っています。

著者

ダイナミック・レイキコウ

2016年2月29日　初版第1刷

著　者 ――――――― 待山栄一《まちやまえいいち》
発行者 ――――――― 坂本桂一
発行所 ――――――― 現代書林
〒162-0053　東京都新宿区原町3-61　桂ビル
TEL／代表　03(3205)8384
振替00140-7-42905
http://www.gendaishorin.co.jp/
ブックデザイン ――― 吉崎広明(ベルソグラフィック)

印刷：広研印刷(株)
乱丁・落丁本はお取り替えいたします。

定価はカバーに
表示してあります。

ISBN978-4-7745-1560-1 C0011